벼랑 끝에 선 당신이
꼭 봐야 할 명언

벼랑 끝에 선 당신이 꼭 봐야 할 명언

초판 1쇄 발행 2024년 7월 15일

지은이 김대훈
펴낸이 장길수
펴낸곳 지식과감성#
출판등록 제2012-000081호

교정 김지원
디자인 정은혜, 서혜인
편집 서혜인
검수 김나현, 이현
마케팅 김윤길, 정은혜

주소 서울시 금천구 벚꽃로298 대륭포스트타워6차 1212호
전화 070-4651-3730~4
팩스 070-4325-7006
이메일 ksbookup@naver.com
홈페이지 www.knsbookup.com

ISBN 979-11-392-1985-2(03810)
값 13,500원

- 이 책의 판권은 지은이에게 있습니다.
- 이 책 내용의 전부 또는 일부를 재사용하려면 반드시 지은이의 서면 동의를 받아야 합니다.
- 잘못된 책은 구입하신 곳에서 바꾸어 드립니다.

지식과감성#
홈페이지 바로가기

벼랑 끝에 선 당신이 꼭 봐야 할 명언

김대훈 지음

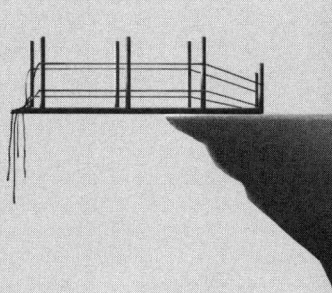

해당 인물의 명언으로 알려졌으나,
출처가 명확하지 않을 수도 있습니다.

또한 명언뿐 아니라
두루두루 다양한 글귀를 다루고 있습니다.

이 책이 벼랑 끝에 선 당신에게
따뜻한 손길이 되길 바랍니다.

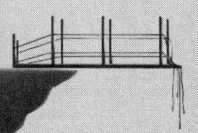

목차

제1장 올바른 마음가짐

성공 - 8   인생 - 33   행복 - 49   긍정 - 61
시간 - 70   희망 - 76   자신감 - 81

제2장 실천하고 행동할 차례

노력 - 90   도전 - 102   기회 - 110
부지런함 - 120   꿈 - 126   용기 - 132

제3장 마음의 양식 쌓기

지혜 - 138   건강 - 152   정치 - 156   군사/전쟁 - 161
죽음 - 166   지식 - 169   추억 - 174

제4장 한 단계 성장하기

실패 - 180   복수 - 185   자아 성찰 - 190   후회 - 200
걱정 - 204   인내 - 209   용서 - 213   고통 - 217

제1장

올바른 마음가짐

- 성공
- 인생
- 행복
- 긍정
- 시간
- 희망
- 자신감

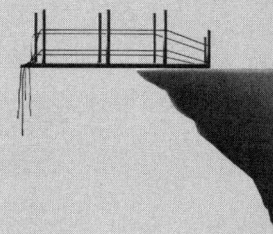

성공

"늘 명심하라. 성공하겠다는 네 자신의 결심이 다른 어떤 것보다 중요하다는 것을."

- 에이브러햄 링컨

미국의 제16대 대통령인 링컨의 명언입니다.

링컨은 공식적으로 27번의 실패를 겪었다고 알려져 있습니다. 집을 잃고, 사업에 실패하고, 약혼자가 사망했으며 주 의회 선거, 의장직 선거, 정·부통령 선거위원, 하원의원 선거, 상원의원 선거 등에서 줄줄이 낙선과 패배를 겪었습니다.

링컨이 계속해서 실패를 거듭하자 주변의 가족과 친구들은 그의 주변에서 칼이나 흉기들을 모두 치워 버렸다고 하죠. 그가 자살할까 봐요.

하지만 실패의 대명사인 링컨은 결국 미국의 대통령이 되었습니다. 위의 명언은 어쩌면 가장 뻔해 보이는 말처럼 들리지만 실패의 연속이었던 링컨의 인생을 알고 있는 사람이라면 누구보다 와 닿을 명언입니다.

"실패에서부터 성공을 만들어 내라.
좌절과 실패는 성공으로 가는 가장 확실한 디딤돌이다."

- 데일 카네기

데일 카네기는 자기 계발서의 대부라고도 할 수 있는 미국 출신의 작가이자 강사입니다. 오늘날의 모든 자기 계발서는 데일 카네기의 영향을 받았다고 할 수 있죠.

그의 가장 대표적인 저서는 《인간관계론》입니다. 그 외에도 《자기관리론》, 《1% 성공습관》, 《성공대화론》 등등 수많은 자기 계발서를 썼습니다.

넘어졌으면 땅에서 무언가를 주워야 합니다. 실패했다면 거기서부터 교훈을 얻을 수 있습니다. 단 한 번에 성공한 사람은 알 수 없는 것을 말이죠.

도전이 계속될수록 한 번에 성공한 사람은 운에 의존하고 본인을 믿지 못하지만, 실패를 거듭한 사람은 대처법을 알고, 자신감을 가질 수 있습니다.

"나는 실패한 것이 아니다.
단지 전구가 켜지지 않는 10,000가지 이유를 안 것이다."

- 토머스 에디슨

토머스 에디슨은 미국의 발명가입니다. 많은 사람은 에디슨이 전구를 발명했다고 알고 있지만, 사실은 아닙니다.

백열전구를 처음 발명한 사람은 스코틀랜드의 제임스 보먼 린제이입니다. 하지만 그가 만든 전구는 수명이 너무 짧고 여러 단점이 많아 상품화하지 못했다고 합니다.

그러나 에디슨은 10,000번의 실험 끝에 결국 백열전구를 모든 사람이 쓸 수 있게 상용화하였답니다. 에디슨이 도전을 계속하지 않았더라면 전기 문명 시대는 훨씬 뒤늦게 찾아왔을지도 모릅니다.

도전 없이는 성공도 없는 것이니까요.

"구름이나 소나기가 없이는 결코 무지개가 뜨지 않는다."

- J. H. 빈센트

빈센트는 미국의 종교가이자 작가였습니다.

성공하기 위해서 노력과 고통을 감내해야 한다는 것쯤은 다들 알고 계실 겁니다.

무지개가 만들어지기 위해 구름과 소나기가 필요하듯 당신이 원하는 바(무지개)를 이루기 위해 노력과 고통(구름과 소나기)을 인내하세요.

그러면 당신이 상상했던 그 이상의 무지개를 펼칠 수 있을 거예요.

"한 번의 실패와 영원한 실패를 혼동하지 마라."

- F. 스콧 피츠제럴드

영원한 실패라는 건 죽음의 문턱이 코앞까지 다가왔을 때입니다.

그 전까지의 실패는 영원한 실패가 아닙니다.

"사람은 생각하는 대로 된다."

- 랠프 월도 에머슨, 얼 나이팅게일, 팻 맥라건 등등

위의 명언은 수많은 인물들이 했던 말입니다. 그만큼 흔하고 뻔한 말이지만, 말속에 아주 강력한 힘이 있다는 뜻이죠.

정신이 육체를 지배할 때, 우리 몸에서는 아주 놀라운 일들이 벌어진다고 합니다. 수많은 사례가 있지만, 한 가지 사례를 말씀드릴게요.

과학자이자 베스트셀러 저자로 유명한 '조 디스펜자'는 '트라이톤'이라는 익스트림 스포츠에 도전하던 중 트럭과의 교통사고로 평생 걸을 수 없다는 진단을 받았습니다. 척추뼈가 여섯 군데나 부러졌기 때문이에요. 수많은 병원을 돌아다니며 자신을 치료해줄 의사를 찾았지만, 그들은 고통을 줄일 순 있어도 다시 걸을 수는 없을 거라고 했습니다.

그렇게 의사들의 조언을 듣고 '조 디스펜자'는 아무런 수술도, 치료도 하지 않았습니다. 대신 건강하게 뛰고 있는 미래의 모습

을 구체적으로 상상했다고 합니다. 단순히 상상이 아니라 척추뼈가 어떻게 회복이 되는지, 어떻게 내 몸에 다시 자리 잡히는지 끊임없이 상상했다고 합니다. 10주가 경과되었을 때 그는 두 다리로 걸을 수 있게 되었습니다. 직장에도 다시 복귀하게 되었죠.

의사들의 판단이 잘못되었다는 것은 아닙니다. 그들은 의학적 지식으로 진단을 내리기 때문이죠.

그러나 여기서 중요한 점은 우리의 몸은 우리가 상상한 대로 변화할 수 있다는 겁니다.

"성공의 첫 번째 요건은 육체적, 정신적 에너지를 낭비하지 않으면서 하나의 문제에 집중할 수 있는 능력이다."

- 토머스 에디슨

운전할 때 방향지시등 없이 차량이 끼어들 때, 배달 음식을 주문했는데 식어서 도착했을 때 등등 일상생활에서 화가 나는 순간들이 종종 있습니다.

고작 이런 감정에 분노하여 에너지를 낭비하다 보면 정작 에너지를 써야 하는 순간에 에너지를 쓸 수가 없습니다.

사소한 감정에 분노하고 이리저리 휘둘린다는 것은 내 그릇이 작다는 겁니다.

그 에너지를 더 큰 문제를 해결하는 데 사용하세요.

"인생을 다시 산다면 다음번에는 더 많은 실수를 저지르리다."

- 나딘 스테어

실수를 두려워하지 마세요.

실수를 해야만 배울 수 있는 것들도 있습니다.

"성공의 비밀은 자신감이며,
자신감의 비밀은 엄청난 양의 준비다."

- 조수미

기회도 준비된 자에게 찾아온다고 했던가요.

준비가 잘되어 있으면 기회가 찾아왔을 때 자신감 있게 실력을 뽐낼 수 있고, 남들보다 그 실력이 월등히 우월하면 우리는 성공이라고 부르죠.

성공도 역시 준비된 자에게 찾아오나 봅니다.

"성공이란 절대 실수를 하지 않는 게 아니라,
같은 실수를 두 번 하지 않는 것에 있다."

- 조지 버나드 쇼

사람이라면 누구나 실수를 할 수 있습니다. 실수하지 않는다면 그건 사람이 아니죠. 세상에 실수하지 않는 완벽한 사람은 없습니다.

실수로부터 무언가를 배우지 못했다면 우리는 다음에 똑같은 실수를 반복할 것입니다. 그때는 그게 실력이 되는 것이죠.

그러니 실수가 실력이 되지 않게 실수로부터 항상 배워야 합니다.

"확실한 일을 실행할 힘은 누구나 가지고 있다."

- 요한 볼프강 폰 괴테

예전에 인터넷에서 보았던 영상이 떠오르네요. '자말 윌리엄스'라는 이름의 미식축구 선수가 팀원들을 격려하는 중이었습니다.

"컨디션 좋을 때는 누구나 잘해. 진짜 챔피언은 지쳤을 때 나오는 법이야. 그때 진짜 '강한 놈'이 나오는 거라고."

확실한 일은 누구나 잘할 수 있습니다.

하지만 불확실한 일을 확실하게 만드는 자가 진짜 '강한 놈'입니다.

"나무를 베는 데 6시간을 준다면,
4시간은 도끼를 날카롭게 하는 데 쓰겠다."

- 에이브러햄 링컨

계획과 준비는 아무리 강조해도 지나치지 않습니다.

준비된 자만이 기회를 잡을 수 있고, 기회를 잡은 자만이 성공의 반열에 올라설 수 있습니다.

"연은 순풍이 아니라 역풍에 가장 높이 난다."

- 윈스턴 처칠

우리의 인생도 마찬가지입니다.

인생이 순탄(순풍)할 때는 크게 얻는 것이 없습니다.

하지만 고난과 역경(역풍)을 만나게 되면 비로소 연이 높이 나는 것처럼, 우리는 더욱더 성장할 수 있습니다.

"잔잔한 바다에서는 좋은 뱃사공이 만들어지지 않는다."

- 영국 속담

시련 없이 훌륭한 사람이 될 수 없고, 시련 없이 성공할 수가 없습니다.

"내가 성공한 것은 어느 때이건
반드시 15분 전에 도착한 덕택이다."

- 넬슨

지각하는 사람에게 꼭 알려 주고 싶은 명언입니다.

주변에 보면 항상 지각하는 사람들이 있죠? 물론 차가 막히고, 어쩔 수 없는 상황에서는 누구나 지각을 할 수 있습니다.

하지만 그게 아니라, 항상 매일 찔끔찔끔 지각하는 사람들은 어디를 가나 꼭 있습니다. 그것도 10분, 20분 크게 지각하는 것이 아니라 2분, 3분씩 매일 늦습니다.

그런 사람은 당신과의 관계가 중요하지 않다고 생각할 가능성이 큽니다. 애초에 당신을 소중히 생각했다면 매번 지각을 하진 않을 것입니다.

시간 엄수는 상대방과의 첫인상이니 항상 신경 써야겠죠?

"성공으로 가는 엘리베이터는 고장입니다.
당신은 계단을 이용해야만 합니다. 한 계단 한 계단씩."

- 조 지라드

성공으로 가는 급행열차는 없습니다.

설령 있다고 해도 위험하니 타지 마세요.
탈선의 위험성이 아주 크니까요.

성공에는 인내가 기본 덕목입니다.

"세상에서 가장 같이 일하기 힘든 사람은 가난한 사람들이다. 그들은 자유를 주면 함정이라고 얘기한다. 작은 사업을 얘기하면 돈을 별로 못 번다고 얘기한다. 큰 사업을 얘기하면 돈이 없다고 불평한다. 새로운 것을 시도하자고 제안하면 경험이 없다고 변명한다. 전통적인 사업을 제안하면 경쟁이 치열하다고 두려워한다. 새로운 사업 모델을 말하면 다단계라고 몰아간다. 상점을 같이 운영하자고 하면 자유가 없다고 말한다. 새로운 사업을 시작하자고 말하면 전문가가 없다고 한다.
그들에게는 공통점이 있다. 희망이 없는 친구들에게 조언을 구하고, 구글이나 포털사이트에 물어보는 것을 즐기며, 대학 교수보다 많은 생각을 하지만 장님보다 더 적은 일을 한다.
그들에게 물어보라. 무엇을 할 수 있는지 그들은 대답할 수 없을 것이다. 가난한 사람들은 공통적인 한 가지 행동 때문에 실패한다. 그들의 인생은 기다리다가 끝이 난다."

- 마윈

중국의 알리바바 창업자 마윈의 명언입니다. 마윈은 중국 최고의 재벌이자 《포브스》 표지에 최초로 실린 사업가입니다.

나태해지거나 포기하고 싶을 때 보면 조금이나마 마음을 다잡게 되는 명언입니다.

"목표가 없는 사람은 목표를 가진 사람을 위해
평생 일해야 하는 운명이다."

- 브라이언 트레이시

브라이언 트레이시는 미국의 연설가이자 수많은 베스트셀러를 탄생시킨 자기 계발 작가입니다.

이 명언은 목표의 중요성에 대해 말해 주고 있습니다.

목표를 달성하기 위해서는 결국 속도보단 방향이겠죠?

"눈물과 땀은 모두 짜지만, 서로 다른 결과를 낳는다.
눈물은 동정심을 낳고, 땀은 변화를 낳는다."

- 제시 잭슨

여러분들은 어떤 결실을 보고 싶으신가요?

결과는 운명에 맡기는 것이 아니라 나의 노력으로 바꿀 수 있는 것입니다.

"그 무엇도 직선으로 움직이지 않는다.
어떤 목표도 좌절과 방해를 겪지 않고 이루어지는 법은 없다."

- 앤드류 매튜스

정말 좋은 명언입니다.

어떤 목표든지 간에 그냥 성공하는 경우는 없죠. 수많은 우여곡절을 겪고 마침내 목표를 달성했을 때, 얼마나 감회가 새로울까요?

"모든 성공한 사람들의 공통점은 결정과 실행 사이의 간격을 아주 좁게 유지하는 능력이다. 미룬 일은 포기해 버린 일이나 마찬가지다."

- 피터 드러커

마음속으로 결정하는 단계는 어려우나 그것을 실행하는 단계는 더더욱 어렵습니다. 훨씬 어렵죠.

그래서 모두 결정까지만 하고 실제로 실행에 옮기는 사람은 극소수입니다.

이런 극소수의 사람들이 세상을 이끌어 간다는 것은 틀림없는 사실이죠.

"가장 중요한 일들이 별로 중요하지 않은 일들에 의해
좌우되어서는 안 된다."

- 요한 볼프강 폰 괴테

확실한 목표를 갖고 있으면 그 목표에만 집중해야 합니다. 목표에 도달하는 사람들은 도달하지 못하는 사람들이 싫어하는 일을 기꺼이 수행하는 능력을 갖추고 있습니다.

그들도 그것을 좋아해서 하는 것은 아닙니다.

확실한 계획과 흔들리지 않는 신념을 가진다면 목표를 이룰 수 있을 겁니다.

인생

"우리가 노력 없이 얻는 거의 유일한 것은 노년이다."

- 글로리아 피처

인생 명언 중 유명한 명언이죠. 글의 문맥이나 내용은 달라도 위의 명언과 비슷한 명언이 참 많습니다.

오늘은 두 번 다시 오지 않습니다.

하루를 보람차게 보내기 위해 자신만의 체크리스트를 만드세요.

남들과 비교하지 마세요.

자신만의 체크리스트면 충분합니다.

"아이에게 물고기를 잡아 주어라. 그러면 한 끼를 배부르게 먹을 것이다. 아이에게 물고기를 잡는 법을 가르쳐 주어라. 그러면 평생을 배부르게 먹고 살 수 있을 것이다."

- 《탈무드》

유대교의 경전인 《탈무드》에 나오는 말로서, 자녀를 어떻게 교육해야 하는지를 넘어서 우리 인생을 어떻게 살아가야 하는지의 의미도 내포되어 있습니다.

아무런 노력 없이 거저 주어지는 것은 쉽게 사라지기 마련입니다.

내 목표를 위해 끊임없이 배우고, 노력으로 쟁취하세요.

"오늘 달걀을 한 개 갖는 것보다 내일 암탉을 한 마리 갖는 편이 낫다."

- 토마스 플러

역사학자 토머스 플러의 명언은 다양한 곳에서 쓰입니다.

저는 이 명언을 보고 있으면 마시멜로 실험이 생각나요. 혹시 마시멜로 실험을 알고 계시는가요?

어린아이에게 마시멜로 1개를 주고 15분 동안 먹지 않고 참으면 2개를 주기로 하고 아이의 행동을 관찰했답니다. 참고 기다렸다가 2개를 받은 아이들은 이후에 자라서 그렇지 않았던 아이들보다 학업 성적에서 더 우수했다고 합니다.

이 실험은 여러 가지 논란이 있지만, 결과적으로 '인내는 쓰고 열매는 달다'라는 것은 변함없습니다.

"부모의 좋은 습관보다 더 좋은 어린이 교육은 없다."

- 슈와프

자식은 부모의 거울이라는 말 아시죠? 그저 속설로만 여겨졌던 말이 미국의 심리학자 알베르트 반두라의 보보 인형 실험으로 증명이 되었죠.

공격적인 행동을 관찰한 아이들은 공격적인 행동을 하는 사람이 없을 때도 그 행동을 모방하고 반복한다는 실험이죠.

아이들 앞에서는 찬물도 못 마신다더니 아이들이 보고 있을 때는 특히 더 조심해야겠네요.

"대문자만으로 인쇄된 책은 읽기 힘들다.
일요일밖에 없는 인생도 그것과 마찬가지이다."

- 장 파울

인생에서 일요일밖에 없다면 엄청 행복하겠죠?
과연 그럴까요?

고단한 평일을 보내기에 주말이 행복하고 아름답게 느껴지는 것이지, 평생 일요일만 있다면 그 아름다움과 행복을 느낄 수 없겠죠.

백수였던 기억을 떠올려 보세요.
마냥 행복하기만 했었나요?
오히려 더 불안하고 불행하지 않으셨나요?

비정규직 혹은 무직자를 대상으로 국내와 해외의 많은 연구 기관에서 연구 자료를 발표했지만, 직장을 다니는 사람보다 실직자들의 우울증 위험이 더 크다고 합니다.

꼭 직업을 가지라는 이야기는 아니지만, 더 달콤한 일요일을 위해 오늘을 보람차게 사세요!

"즐거움이 끊임없이 계속되는 것만큼 지루한 것도 없다."

- 마저리 샤프

즐거운 날만 지속되면 즐거움이라는 감정이 무뎌지고, 내가 지금 즐거운지조차 모르게 될 거예요.

적절한 비유인지는 모르겠지만, 메스암페타민, 헤로인 같은 마약에 한번 손대면 미칠 듯이 기분이 좋다고 합니다. 하지만 점점 내성이 생겨 이전과 같은 용량으로는 더 이상 만족할 수 없어서, 강하고 많은 용량을 몸에 주입하게 된다고 합니다.

그게 점점 심해지다 보면 죽음까지 이르게 되는 것이죠.

즐거움이라는 감정은 마약과는 달리 무뎌진다고 해서 죽음에 이르지는 않습니다. 하지만, 삶이 지루하고 무기력해질 거예요.

즐거움이 있으면 반대로 고통도 있어야죠.
그게 인생 아니겠어요?

"삶은 당신이 만드는 것이다.
이전에도 그랬고 앞으로도 그럴 것이다."

- 그랜마 모제스

누구 때문에 내 인생이 이렇게 되었다고 증오를 키울 필요 없습니다. 순간마다 자기 자신을 바꿀 기회는 있었으니까요.

다른 사람의 말을 들을 필요도 없습니다.
그 사람들은 당신의 인생을 책임져 주지 않습니다.

본인의 인생은 본인만이 변화시킬 수 있습니다.

"문제는 목적지에 얼마나 빨리 가느냐가 아니라,
그 목적지가 어디냐는 것이다."

- 메이벨 뉴컴버

'속도보다 방향이 중요하다'라는 말 많이 들어 보셨죠? 괴테의 명언인데, 위의 명언도 이와 비슷한 말입니다.

우리의 인생에 있어서 진로나 계획을 구상할 때, 모든 순간에 있어서 이 말을 한 번 더 되새긴다면 아마 좀 더 나은 결정을 내릴 수도 있지 않을까요?

"있다고 다 보여 주지 말고, 안다고 다 말하지 말고,
가졌다고 다 빌려주지 말고, 들었다고 다 믿지 마라."

- 셰익스피어《리어왕》

잉글랜드의 시인이자 극작가로 유명한 셰익스피어의《리어왕》에 나온 명언입니다.

학생 때 이 명언을 처음 접했을 때는 별로 와닿지 않았는데, 사회생활을 하고 나서부터는 확 와닿기 시작했어요.

후회할 행동을 섣불리 하지 말고 매사에 항상 신중하자는 의미를 담고 있습니다.

"고통이 동반되지 않는 교훈에는 의미가 없다. 사람은 무언가의 희생 없인 아무것도 얻을 수 없으니까."

- 만화 〈강철의 연금술사〉 中

우리는 고통으로부터 배워야 합니다.

고통 없이 거저 주어지는 교훈은 뇌에서 깊은 충격을 발생시키지 못합니다. 교훈으로 삼는다고 해도 금방 잊어버릴 거고요.

고통이 무조건 나쁜 것만은 아닙니다.
나를 성장시키는 성장통인 것이죠.

"인생은 결코 공평하지 않다. 이 사실에 익숙해져라."

- 빌 게이츠

누구는 태어나자마자 부자의 자식으로, 누구는 거지의 자식으로 태어납니다.

누구는 태어나자마자 레벨 99의 캐릭터로 시작하니 인생 난이도가 쉽고 순탄합니다.

누구는 태어나자마자 레벨 0부터 시작해서 배고픔과 고난의 연속이죠. 레벨 업도 더럽게 힘들고요.

인생은 공평하지 않지만, 마냥 자신의 인생을 비관하고 좌절할 필요는 없습니다. 그냥 받아들이세요. 달라지는 건 없으니까요. 한 번뿐인 인생, 본인이 잘하는 것, 좋아하는 것을 찾아 인생을 즐기세요.

그게 불공평한 세상에서 자신이 할 수 있는 유일한 행복입니다.

"굶주린 사람에게 배고픔의 고통을 참아야 한다는 충고를 대식가가 어찌 진지하게 얘기할 수 있겠는가?"

- 칼릴 지브란

타인의 고통을 전혀 겪어 본 적이 없는 사람은 절대 타인의 마음을 알 수 없습니다.

"인생이란 학교에는 불행이란 훌륭한 스승이 있다.
그 스승 때문에 우리는 더욱 단련되는 것이다."

- 블라디미르 프리체

사람은 불행과 고통으로부터 무언가를 배우기 마련입니다.

불행을 마냥 불행이라고만 생각하지 마세요.
인생에서 반드시 거쳐 가야 하는 숙제라고 생각하세요.
끔찍하게 하기 싫지만 나에게 도움이 되는 숙제 말이에요.

"인간의 삶 전체는 단지 한순간에 불과하다. 인생을 즐기자."

- 플루타르코스

이 넓은 우주에서 지구라는 행성에 사는 인간은 그냥 한낱 미물일 뿐입니다. 우주라는 공간이 어느 정도로 넓은지 가늠도 가지 않지만, 확실한 건 사람은 먼지보다도 더 작은 존재라는 거죠.

그 작은 존재들이 서로 싸우고, 증오하고, 혐오하면서 살아가는 게 너무 하찮지 않나요?

그러기엔 인생은 짧고, 보잘것없습니다.

지금 당장 이 순간도 즐기며 살자고요.

"인생에 해결책이란 없어. 앞으로 나아가는 힘뿐.
그 힘을 만들어 내면 해결책은 뒤따라온다네."

- 생텍쥐페리 《야간비행》 中

인생에 정답이 어디 있겠어요?

본인이 하고자 하는 것을 끝까지 추진력 있게 밀고 가세요.

그러다 보면 그게 곧 내 삶의 정답이 되고, 해결책이 될 거예요.

"우리의 일상생활에서 가장 조심해야 할 것은 사소한 감정을 어떻게 처리하느냐 하는 문제다. 사소한 일은 계속 발생하며, 그것이 도화선이 되어 큰 불행으로 발전하는 일이 적지 않기 때문이다."

- 알랭(에밀 샤르티에)

사소한 감정이 점점 쌓이다 보면 걷잡을 수 없을 정도로 큰 감정이 되곤 합니다. 사람이 한순간에 극도로 싫어지는 경우는 많지 않습니다. 모든 것은 사소한 감정에서 시작되죠.

약속 시간에 항상 지각을 한다거나, 나를 대하는 태도가 예의 없다거나, 나를 만만하게 본다거나 등등 그런 것들 말이에요.

그게 점점 쌓이는 순간 여러분은 그 사람을 혐오하게 될 겁니다.

그러기 전에 사소한 감정을 잘 풀어야 큰 감정으로 이어지지 않을 거예요.

행복

"슬픔의 유일한 치료제는 행동이다."

- 조지 헨리 루이스

조지 헨리 루이스는 영국의 철학자이자 연극 비평가였습니다.

슬픔의 가장 큰 병이라면 우울증을 떠올릴 수가 있는데요. 실제 호주의 사우스오스트레일리아 대학교 연구팀 연구 결과에 의하면 운동을 통한 신체 활동이 약물에 비해 우울증의 증상을 완화하는 데 약 1.5배 더 높은 효과를 낸다고 합니다.

강도 높은 운동을 하지 않아도 좋아요.

요즘 우울하다면 누워 있지 말고 밖에서 간단한 산책 어떠세요?

"어리석은 자는 멀리서 행복을 찾고,
현명한 자는 자신의 발치에서 행복을 키워 간다."

- 제임스 오펜하임

미국의 시인이자 소설가인 제임스 오펜하임의 명언입니다.

행복은 멀리 있지 않습니다. 비싼 차, 넓은 집, 많은 인맥이 있어야만 행복할까요? 물론 더 행복해질 수도 있겠죠.

하지만 많은 사람들은 모르고 있습니다.

매일 아침 눈을 뜰 수 있고, 신선한 바람을 느낄 수 있으며, 맛있는 음식을 먹을 수 있는 게 행복하다는 사실을요.

"행복의 열쇠 중 하나는 어두운 과거를 잊어버리는
나쁜 기억력이다."

- 리타 메이 브라운

과거의 끔찍한 기억으로부터 고통받고 계시는가요?
사람들 앞에서 창피를 당한 일이 떠오르시나요?

팩트를 말씀드릴게요.
내가 창피를 당했을 때 비웃고 손가락질하던 그 사람들, 그들은 각자 먹고살기에 바빠서 여러분에게 관심도 없어요. '그때 그런 일이 있었지' 정도는 회상하겠지만 결국 사람들의 기억에서 희미해져 갈 거예요.

트라우마 속에서 고통받으며 몸부림치는 당신.
이제 더 이상 고통받는 상황도 아니고, 온전히 안전한 환경에 있습니다. 두려움을 떨쳐 내세요.

이루고자 하는 목표를 가지고 있다면 나쁜 기억력을 가져야 합니다.

과거를 내려놓아야 앞으로 나갈 수 있습니다.

"제비 한 마리가 왔다고 여름이 온 것은 아니요,
날씨가 하루 좋았다고 여름이 온 것은 아니다.
이와 마찬가지로, 하루 또는 짧은 시간의 행복이
그 사람을 완전히 행복하게 하는 것은 아니다."

- 아리스토텔레스

마케도니아 왕국 출신의 그리스 철학자인 아리스토텔레스는 플라톤의 수제자로도 유명합니다.

갖고 싶었던 옷을 샀을 때, 당장은 행복하지만, 시간이 지나면 감정이 무뎌집니다. 먹고 싶었던 음식을 먹을 때, 당장은 행복하지만, 이 또한 시간이 지나면 감정이 무뎌지죠.

사실 감정이 무뎌지는 것은 우리에게는 축복입니다. 슬픔도 분노도 절망도 결국 시간이 지나면 무뎌지기 때문이죠.

지금 좌절하고 쓰러진다고 해도 평생 그러리라는 법은 없습니다.

힘들고 지칠 때 아리스토텔레스의 명언을 기억하세요.

"대부분의 사람은 마음먹은 만큼 행복하다."

- 에이브러햄 링컨

모든 것은 마음먹기에 달려 있다는 말도 있듯이 행복이라는 감정도 본인이 마음먹은 대로 달라지는 듯합니다.

내가 누리고 있는 행복을 전혀 누리지 못하고 사는 사람들도 있습니다.

"행복은 내세의 '약속된 땅'도 아니며, 어떤 요행으로 주어지는 '운명'도 아니다. 행복은 오직 스스로가 쟁취하는 것이다."

- 버트런드 러셀

남이 나에게 행복을 가져다줄 순 없습니다.

행복을 가져다줘 봤자 당사자가 그게 행복인지 모르면 전혀 의미가 없으니까요.

행복은 남이 아닌 본인 스스로 거머쥐어야 합니다.

"행복의 추억만큼 행복을 방해하는 것은 없다."

- 앙드레 지드

과거의 행복한 기억은 추억으로 묻어 두십시오.

지금은 그때보다 행복하지 않다고 자책할 필요도 없습니다. 과거에 집착한다는 것은 행복과는 거리가 먼 행동입니다.

그게 행복한 기억이든 불행한 기억이든 말이에요.

"약한 사람은 불행이 닥치면 체념하지만, 위대한 사람은 불행을 딛고 일어선다."

- 워싱턴 어빙

우리는 때때로 불행에 맞서 싸우지 못하고, 무릎을 꿇거나 스스로를 자책하거나 남 탓을 하기도 합니다.

여러분만 그런 것이 아니에요. 우리는 모두 사람이기 때문에 완벽할 수가 없어요.

체념하는 것도 하나의 방법이 될 수 있긴 하지만, 그 불행을 딛고 일어선다면 다음에 더 큰 불행이 찾아오더라도 유연하게 대처할 수 있지 않을까요?

"궁핍은 영혼과 정신을 낳고 불행은 위대한 인물을 낳는다."

- 빅토르 위고

어려운 상황이 무조건 안 좋은 것만은 아닙니다. 나 자신을 단련해 주기 때문이죠.

부정적인 내 상황을 긍정적으로 이겨 낼 수 있게 긍정의 힘을 단련하는 겁니다. 다음에 더 어려운 상황을 이겨 낼 수 있도록 만들어 주는 힘 말이에요.

위대하고 그릇이 큰 사람이 되려면 긍정적인 생각을 하는 연습은 필수입니다.

"친절한 말은 간단하고 짧은 말일 수 있어도,
그 메아리는 진정 끝없는 것이다."

- 테레사 수녀

말 한마디로 사람을 충분히 감동받게 할 수 있습니다.

정말이에요.
서비스업을 하시는 분들이라면 충분히 공감하실 거예요.

잔잔한 여운은 집에 갈 때까지도 계속 생각이 나곤 합니다. 친절한 말 한마디의 힘은 정말 대단해요.

"때로는 행복을 추구하는 것을 잠시 멈추고
그냥 행복을 느껴 보는 것도 좋다."

— 기욤 아폴리네르

넓은 집, 좋은 차를 가지고 있어야 꼭 행복한가요? 물론 인생이 더 행복해질 수 있다는 것은 부정하지 못합니다.

하지만 돌아갈 집이 있다는 것, 사랑하는 가족이 있다는 것, 불행한 기억은 내 의지로 가슴에 묻을 수 있다는 것, 따뜻한 밥을 먹을 수 있다는 것 자체가 행복임을 깨닫는다면 내 인생은 지금보다 훨씬 행복해질 수 있을 겁니다.

"행복은 미덕이나 기쁨이 아니라 성장이다.
우리는 성장할 때 행복해진다."

- 윌리엄 버틀러 예이츠

공부하는 학생에게는 성적 향상,
회사 다니는 직장인에게는 월급 인상,
운동하는 보디빌더에게는 근육 성장.

어제보다 더 나은 오늘이 우리를 행복하게 해 주는 또 다른 열쇠이기도 합니다.

긍정

"절대 후회하지 마라. 좋았다면 추억이고,
나빴다면 경험이다."

- 캐롤 A. 터킹턴

위의 명언은 미국의 저널리스트인 캐롤 터킹턴의 명언입니다. 사실 고등학생 때 항상 생각하던 문구인데, 실제로 있는 명언인 줄은 몰랐어요.

후회되는 경험이 있다면 위의 명언을 생각해 보세요.
이미 지나간 일인데, 어쩌겠어요?
후회하는 시간이 더 아까우니 후회하지 마세요!

"나를 죽이지 못하는 것은 끝내 나를 강하게 만들리라."

- 프리드리히 니체

괴롭고 힘든 일에 몸부림쳐 본 적 있으신가요?
누구나 다 있을 겁니다. 저도 있어요.

그 순간에는 정말 힘들고 우울해서 식욕도 없고, 아무도 만나기 싫을 때가 있죠.

하지만 그런 시련은 저의 정신력을 한층 더 강하게 만들어 주는 단계라고 생각해요.

마음의 면역력을 키워 주는 거죠.
다음에 똑같은 시련이 찾아와도 더욱더 잘 버티게 해 주는 면역력 말이에요.

"우리는 1년 후면 다 잊어버릴 슬픔 때문에
무엇과도 바꿀 수 없는 소중한 시간을 버리고 있다."

- 데일 카네기

여러분, 지금으로부터 딱 1년 전에 어떤 고민이나 슬픔이 있었는지 기억하시나요? 강한 트라우마가 아닌 이상, 대부분 사람은 아마 기억을 못 할 겁니다.

지금도 마찬가지예요.

1년 뒤면 잊어버릴 고민과 슬픔으로 시간을 낭비하지 마세요.

"세상은 고통으로 가득하지만,
그것을 극복하는 사람들로도 가득하다."

- 헬렌 켈러

헬렌 켈러는 미국의 작가, 교육자이자 사회주의 운동가입니다. 헬렌 켈러는 생후 19개월 때 뇌척수막염으로 인해 하루아침에 시각과 청각을 모두 잃고 시청각장애인이 되었습니다. 듣지도 보지도 못하니 언어장애도 심각했다고 하죠.

보통 사람이었다면 자신의 인생을 비관하고 자학하며 살거나 스스로 생을 마감할 수도 있었을 텐데, 헬렌 켈러는 달랐습니다.

자신에게 주어진 불행을 걸림돌이 아닌 디딤돌이라고 생각했고 내면은 더욱더 강해졌습니다.

장애를 딛고 일어선 그녀의 모습은 아직도 많은 사람에게 기억되고, 감동을 주고 있습니다.

"무엇인가 하고 싶은 사람은 방법을 찾아내고
아무것도 하기 싫은 사람은 구실을 찾아낸다."

- 아라비아 속담

다르게 해석하면 긍정적인 사람은 방법을 찾고 부정적인 사람은 구실을 찾는다는 뜻이겠지요.

부정적인 사람은 실패만 떠올리지만 긍정적인 사람은 어떻게든 성공시키고자 방법을 찾습니다.

여러분도 무언가를 시작하기 전에 이미 방법이 아닌 구실을 찾지는 않나요?

"아름다운 장미꽃에 하필 가시가 돋쳤을까 생각하면 속이 상한다. 하지만 아무짝에도 쓸모없는 가시에서 저토록 아름다운 장미꽃이 피어났다고 생각하면 오히려 감사하고 싶어진다."

- 법정 스님

생각의 전환은 자신을 불행하게 할 수도, 행복하게 할 수도 있습니다.

안 좋게 보이던 것들에 대해 살짝만 생각을 달리하면 긍정적으로 보일 수 있을 거예요.

"길을 잃는다는 것은 곧, 길을 알게 된다는 것이다."

- 동아프리카 속담

어느 순간 길을 잃었다는 생각이 들 때 이 명언을 되새겨 보세요. 또 다른 새로운 길이 보일 겁니다.

지금 당장은 아니지만, 언젠가는 꼭 말입니다.

나하고 맞지 않았던 길은 잊어버리고, 나에게 맞는 새로운 길을 개척하게 될 테니까요.

"길을 가다가 돌이 나타나면 약자는 그것을 걸림돌이라고
말하고 강자는 그것을 디딤돌이라고 말한다."

- 토머스 칼라일

우리는 살면서 하루에도 몇 번씩 돌을 만나게 될 것입니다.

누군가에게는 걸리적거리고 방해만 될 뿐인 장애물들이 다른 누군가에게는 고난을 발판 삼아 더 크게 도약할 수 있는 계기가 되기도 합니다.

절망적인 시선으로 바라본다면 상황은 계속 절망적일 것이고, 그런 상황 속에서 기회를 발견하게 된다면 우리는 한층 더 발전할 수 있을 겁니다.

"오늘의 위기는 내일의 농담거리이다."

- H. G. 웰스

걱정하지 마세요.

오늘 위기가 찾아오고 불행이 찾아온다고 해도 영원하지 않습니다.

오늘 일어난 일이 지구를 멸망시키나요?

그게 아니라면, 먼 훗날 웃고 떠들며 술안주가 되는 날이 올 겁니다.

시간

"변명 중에서도 가장 어리석고 못난 변명은 '시간이 없어서' 라는 변명이다."

- 토머스 에디슨

돈이 없어서 할 수 없는 일은 있습니다.
능력이 없어서 할 수 없는 일은 있습니다.
하지만, 시간이 없어서 할 수 없는 일은 없습니다.

시간이 없다는 변명을 하기 전에 오늘을 한번 뒤돌아보세요.

유튜브 볼 시간은 있지 않았나요? 게임을 한 판이라도 하지 않았나요? 친구와 수다 떠는 시간은요?

이루고자 하는 목표가 있다면 잠자는 시간을 1시간 줄여서라도 목표를 향해 전진해야 합니다.

"인간은 항상 시간이 모자라다고 불평하면서 마치 시간이 무한정 있는 것처럼 행동한다."

- 루키우스 안나이우스 세네카

시간은 무한하지 않습니다. 우리는 시간이 흘러 결국 늙게 될 것이고 생을 마감할 것입니다.

죽기 전에 사람들이 가장 많이 하는 후회 중 하나는 시간에 대한 후회라고 합니다.

계획한 것이 있는데 침대에서 빠져나오기 힘들다면 이 명언을 되새겨 보세요.

이 명언을 통해 여러분들의 시간이 조금 더 가치 있게 활용되기를 바랍니다.

"우리가 어느 날 마주칠 불행은 우리가 소홀히 보낸 지난 시간에 대한 보복이다."

- 나폴레옹 보나파르트

프랑스인의 황제 나폴레옹의 명언입니다.

시간을 아껴 가며 부지런히 살아야 한다는 것을 말해 주고 있습니다.

시간을 자기편으로 만드세요.

시간 관리는 자기 관리이며, 인생 관리입니다.
더 나은 인생을 살기 위한 인생 관리요.

"사람은 금전을 시간보다 중히 여기지만,
그로 인해 잃어버린 시간은 금전으로 살 수 없다."

- 유대 격언

돈을 벌기 위해 내 소중한 시간을 돈과 맞바꾸지만, 맞바꾼 시간을 다시 돈으로 살 수 없다는 것이 참으로 원통하고 애석한 일이죠.

돈이 인생에서 상당히 중요한 만큼, 돈을 버는 것도 좋지만, 아무리 바빠도 내 인생을 돌보는 일을 잊어선 안 됩니다.

이미 지나간 시간은 돌아오지 않으니까요.

"짧은 인생은 시간의 낭비로 더욱 짧아진다."

- 사무엘 존슨

우리의 인생은 정말 짧습니다. 슬프지만 정말이에요.

인간의 평균수명 80년 중에 잠자는 시간은 25년입니다. 잠을 자는 동안 우리는 기억하는 것이 없습니다. 한마디로 무의식 상태인 거죠.

이 외에도 먹는 시간에 6년,
TV나 유튜브 보는 시간에 10년,
화장실 가는 시간에 3년의 시간을 보내게 됩니다.

분명 인생을 살아가면서 필요한 것들이지만 80년 중에 위의 시간을 제외한다면 진정 '제대로 된 인생'을 살아가는 데 필요한 시간이 얼마나 짧은지 체감이 되나요?

"가장 중요한 때는 현재다. 왜냐하면,
사람이 자신을 통제할 수 있는 것이 현재이기 때문이다."

- 레프 톨스토이

아직 오지 않은 미래를 걱정할 필요가 없고, 이미 지나간 과거에 고통받을 필요 없습니다.

이게 말이 쉽지, 마인드 컨트롤은 쉽지 않을 겁니다.

하지만 꼭 명심해야 합니다.

과거의 사람에게 미련을 버리고, 현재의 사람에게 충실하세요. 우리가 컨트롤할 수 있는 것은 현재를 살아가고 있는 우리의 모습입니다.

희망

"겨울이 오면 봄도 머지않으리."

- 퍼시 비시 셸리

춥고 싸늘한 겨울을 견디면, 시간이 지나 봄이 찾아옵니다.

우리의 인생도 마찬가지입니다.
지금은 고통스럽겠죠.
이 고통이 영원하다는 생각이 들 겁니다.

하지만 결국 시간은 흐르고 고통은 당신의 기억 속에서 점차 잊힐 거예요.

지금으로부터 1년 전, 무슨 문제로 고통받았는지 확실히 기억하시나요?

기억하시는 분은 거의 없을걸요?

"위대한 희망은 위대한 인물을 만든다.
산은 오르는 사람에게만 정복된다."

- 토마스 풀러

희망이란 사람을 움직이게 만드는 태엽과도 같습니다. 희망이 보이면 무엇이든 도전을 할 수 있고, 용기를 얻을 수 있죠.

희망이 전혀 보이지 않고, 절망만 있었다면 에베레스트산을 정복할 수 있었을까요?

감히 시도조차 못 했을걸요?

"이 세상을 움직이는 힘은 희망이다. 얼마 후 성장하여 새로운 종자를 얻을 수 있다는 희망이 없다면, 농부는 밭에 씨를 뿌리지 않는다. 아이가 태어난다고 하는 희망이 없다면 젊은이들은 가정을 설계할 수가 없다. 이익을 얻게 된다는 희망이 없다면 장사꾼은 장사를 할 수가 없다. 천국에 대한 희망이 없다면 그리스도인은 고난을 이길 수 없다."

- 마틴 루터

우리는 먼 훗날 좀 더 나은 모습을 상상하며 살아가고 있습니다.

누구는 장사가 잘되어 부자가 되는 모습을 상상하고, 누구는 시험에 합격하여 원하는 직장에 다니는 모습을 상상하고, 누구는 자식이 훌륭하게 자라서 올바른 성인이 되는 모습을 상상하곤 하죠.

맞습니다. 꿈도 희망도 없이 살아간다면 사는 게 무슨 의미가 있을까요? 심지어 당장 오늘 저녁에 '맛있는 삼겹살 먹어야지'라는 희망조차 없다면 참 불행한 삶일 것입니다.

희망은 내일을 상상하게 만드는 연료입니다.

"절벽에도 길은 있다.
한 개의 길이 막히면 열 개의 길이 열린다."

- 《고도원 정신》中

누구나 한 번쯤 인생에서 절벽에 다다랐을 때가 있을 겁니다.

지금 당장 포기하고 싶고, 모든 걸 내던지고 싶을 때, 절벽에도 길이 있다는 생각을 가져야 합니다.

절벽 밑이 낭떠러지가 아니라, 알고 보니 높이가 조금 높은 언덕일 수도 있잖아요?

한 개의 길이 막히면 두 개, 세 개의 길이 열릴 겁니다.
하늘이 무너져도 솟아날 구멍은 있답니다.

"잊지 마라, 벽을 눕히면 다리가 된다."

- 안젤라 데이비스

바라보는 시선과 관점의 차이가 엄청나게 큰 결과를 가져다줄 수 있습니다.

누구는 걸림돌이라고 이야기하지만,
누구는 디딤돌이라고 이야기하는 것처럼 말이에요.

관점을 바꾸면 절망도 희망이 되곤 한답니다.

자신감

"자신감 있는 표정을 지으면 자신감이 생긴다."

- 찰스 다윈

실제 연구 결과를 가져와 봤습니다.

하버드 대학교 심리학과 에이미 커디 교수팀의 실험 결과인데요. '파워 포즈'라고 불리는 몸집을 크게 부풀리는 포즈를 취하게 되면 체내에서 기억력과 자신감을 향상하는 테스토스테론 분비가 활성화돼 큰 자신감을 부여한다고 합니다.

자신감은 마음가짐의 문제고, 그러한 마음은 자신도 모르게 소극적인 행동으로 나타나게 됩니다.

행동이라도 강제력을 취하게 되면 몸과 마음은 연결되어 있어서 조금이라도 자신감을 상승시키는 데 도움이 될 것입니다.

"인간의 위대함은 공포를 견뎌 내는 당당한 모습에 있다."

- 플루타르코스

공포에 맞선다는 것은 정말 괴롭고 힘든 일입니다.

내가 죽을지도 모른다는 공포감에 호흡이 가빠지고, 심장 박동이 빨라지며, 식은땀이 나죠.

사업의 실패, 신체의 병, 하다못해 번지점프대에서 뛰어내리기 전에도 공포와 맞서 싸워야 하죠.

인간의 문명이 고도로 발달할 수 있었던 것도 전부 공포와 맞서 싸웠기 때문에 가능했던 것이죠.
심해를 탐험하고, 하늘을 지배하는 것 말이에요.

"나 자신에 대한 자신감을 잃으면, 온 세상이 나의 적이 된다."

- 랠프 월도 에머슨

나 스스로 위축되면 온 세상이 나를 깔보게 될 것입니다.

그러니 집 밖으로 나가 세상과 맞서 싸우려면 나 스스로의 자신감을 회복하는 것이 우선입니다.

"꿈을 실현하는 비결을 알고 있는 사람에게 정복 불가능한 것은 없다. 이 비결은 네 가지 4C로 요약할 수 있다. 호기심(curiosity), 자신감(confidence), 일관성(consistency), 용기(courage)이다. 이 중 가장 중요한 것은 자신감이다."

- 월트 디즈니

자신감은 나를 발전시키는 데 중요한 역할을 합니다. 숨겨진 나의 역량을 발휘하고 싶을 때는 주머니에서 '자신감'이라는 무기를 꺼내 보세요.

총은 무기회사에서 만들어 판매하지만, 자신감은 내가 직접 만들어야 해요.

'자신감'이라는 무기를 잘 활용하면 내면의 또 다른 나를 발견할 수 있을 거예요.

"낮은 자존감은 계속 브레이크를 밟으며 운전하는 것과 같다."

- 맥스웰 말츠

낮은 자존감은 자기 자신을 위축시키고, 자신감 상실을 야기합니다.

실제로 효과적인 자존감 상승법을 알려 드릴게요.

첫째, 타인과의 비교보다는 '과거의 나'와 '현재의 나'를 비교해야 합니다.

둘째, '난 이것도 못하는구나' 라고 하는 것보다 '난 이것을 잘 못하는구나' 라고 해 보세요. 분명 다른 분야에서 재능을 찾을 수 있을 거예요.

셋째, 지속해서 타인에게 자기 자신을 노출하세요.
자신감을 회복하기 위한 환경을 지속해서 만들어야 합니다.

환경의 변화 없이는 계속 방구석의 겁쟁이로 살아갈 뿐이에요.

"우리는 다른 사람과 같아지기 위해 삶의 3/4을 빼앗기고 있다."

- 쇼펜하우어

남들과 똑같은 삶을 살려고 하지 말고,
자신만을 위한 삶을 사세요.

남들에게 보여 주기 위한 삶을 살지 말고,
진정 내가 좋아하는 것들을 하고 사세요.

왜 남들과 똑같아지려고 하나요?

있는 그대로의 나를 사랑하세요.
나답게 사는 것이 가장 아름답습니다.

"인생에서 가장 슬픈 세 가지,
할 수 있었는데, 해야 했는데, 해야만 했는데."

- 루이스 E. 분

뒤늦게 후회하는 바보가 되지 않길 바랍니다.
망설이고 있다면 자신감을 가지세요.

제2장

실천하고 행동할 차례

- 노력
- 도전
- 기회
- 부지런함
- 꿈
- 용기

노력

"작은 도끼라도 찍고 찍으면 큰 참나무는 넘어진다."

- 셰익스피어

지금 스스로의 행동과 노력이 하찮게 느껴지더라도, 남들이 인정하지 않아도, 꾸준하게 해 나가다 보면 결국 목표를 달성할 수 있습니다.

포기하지 마세요.
꾸준함이 곧 무기입니다.

"게으름은 쇠붙이의 녹과 같다.
노동보다도 더 심신을 소모한다."

- 벤저민 프랭클린

여러분, 최고로 게으름을 많이 피울 때가 언제인지 기억하시나요? 수능이 막 끝난 고3일 때? 취업시장에서 떠밀려 아무것도 하기 싫은 패배감을 맛본 사회 초년생일 때?

아니면 혹시 지금인가요?

저도 한때는 상심에 빠져 아무것도 하지 않고 시간을 낭비한 적이 있었죠. 그러자 일을 할 때보다 심신이 더 힘들더라고요.

아무것도 안 하고 본인을 그냥 방치해 두면 마음속의 불안감만 점점 커지게 됩니다.

게으름은 몸과 마음을 망치게 합니다.

"가시에 찔리지 않고서는 장미를 모을 수 없다."

- 필페이

아름다운 장미를 얻으려면 가시에 찔리는 고통을 감내해야 하죠.

학교에서 좋은 성적을 얻으려면 남들보다 더 열심히 해야 하고 사회에서 부와 성공을 거머쥐려면 남들보다 몇 배로 노력해야 하죠.

아름다운 꽃(성공)을 얻기 위해서라면 고통(희생)이 뒤따르게 됩니다.

이루고자 하는 것이 있다면 행운은 거저 주어지지 않습니다. 무언가를 희생해야 합니다.

"오늘의 식사는 내일로 미루지 않으면서
오늘 할 일은 내일로 미루는 사람이 많다."

- 카를 힐티

오늘 할 일은 무엇이었나요?
별로 중요한 게 아니라 내일 해도 상관없다고요?

몸이 피곤하고, 귀찮을수록 점점 미루게 되죠.

하지만, 어차피 해야 하는 일이라면….
그걸 나밖에 하지 못하는 일이라면….

지금 당장 하세요.
내일이라고 미루지 않는다는 법은 없으니까요.

"나는 내가 더 노력할수록
운이 더 좋아진다는 사실을 발견했다."

- 토머스 제퍼슨

행운은 가만히 있는다고 찾아오지 않습니다.

조금이라도 더 발버둥 치는 사람에게 기회가 찾아올 것입니다.

그리고 우리는 그걸 행운이라고 부릅니다.

"물방울이 바위를 뚫는 것은
그 힘이 아니라 부단함 때문이다."

- 요슈타인 가아더

지금 당장 변화가 없다고 해서 좌절하지 마세요.

꾸준함만이 강한 힘을 이길 수 있습니다.

바위를 뚫는 물방울처럼요.

"신은 행동하지 않는 자에게는 절대로 손을 내밀지 않는다."

- 소포클레스

저는 신의 존재를 믿지 않습니다.

하지만 제가 만약 신이라면 침대에 누워서 가만히 있는 사람보다는 부지런한 사람에게 기회를 줄 것 같네요.

"남들보다 더 잘하려고 고민하지 마라.
지금의 나보다 잘하려고 애쓰는 게 더 중요하다."

- 윌리엄 포크너

인생을 경주에 비유하는 사람들이 많습니다. 인생 자체가 경쟁이고 살아남기 위해 남들보다 더 빨리 뛰어야 하기 때문이겠죠?

사람마다 각자 생각은 다르지만,
인생은 남들을 이기기 위한 경주가 아닙니다.
어제의 기록보다 오늘의 기록이 더 좋으면 그걸로 충분하다고 생각해요.

지나친 경쟁은 번아웃을 부르고,
삶의 진정한 목적이 무엇인지 망각할 수 있어요.

"당신은 왜 평범하게 노력하는가,
시시하게 살기를 원치 않으면서!"

- 존 F. 케네디

침대에서만 뒹굴고 있으면서 장대한 목표(돈, 명예, 권력, 꿈)를 삼고 있다니 얼마나 이기적이고 멍청한 생각인가요.

오늘도 나태한 나 자신에게 채찍질을 해 봅시다.

"큰 변화를 꿈꿀 때 일상의 작은 변화를 결코 무시해서는 안 된다. 일상의 작은 변화들이 쌓여 전혀 예기치 못한 큰 변화가 이루어진다."

- 라이트 이델먼

변화를 실현하고 싶을 때, 사소한 것에서부터 시작하라고 많은 자기 계발 서적 작가가 이야기합니다.

사소하고 쉬운 것에서부터 시작하면 성취감을 더 느끼기 쉽고, 나는 할 수 있다는 자신감을 채울 수 있으니까요.

누군가는 큰일을 하기 전에 책상 정리부터 한다는 것이 농담이 아니었습니다.

"매일 아주 조금의 불편함도 없다면 성장하지 못하고 있는 것이다. 좋은 일들은 모두 안전지대 바깥에 있다."

- 잭 캔필드

익숙함과 안락함은 몸과 마음이 차분해지고 안정이 드는 느낌이죠.

하지만, 마인드셋 성장의 관점에서 본다면 우리의 몸과 마음은 불편함과 고통이 끝난 후 한층 더 성장한다고 합니다.

불편함과 낯선 감정은 주로 새로운 상황을 맞닥뜨렸을 때 생기죠.

본인을 성장시키고 싶다면, 새로운 환경에 계속 노출하고, 이루고자 하는 목표를 위해 불편함을 감수해야 합니다.

이루고자 하는 목표는 있는데, 불편함을 느낄 만큼 자기희생은 하기 싫다?

상당히 이기적인 생각입니다.

"자신을 괴롭히는 것으로부터 진정 벗어나고 싶다면,
다른 곳으로 갈 것이 아니라 다른 사람이 되어야 한다."

- 루키우스 안나이우스 세네카

나를 괴롭히는 수많은 여건과 환경 속에서 자유롭고 싶다면 나 자신을 변화시켜야 합니다.

내가 변하게 되면 나에게 닥쳐온 시련을 대하는 태도가 달라집니다.

내가 변하지 않으면 똑같은 시련이 나를 또 괴롭힐 테니까요.

도전

"움직이는 사람만이 넘어질 수 있다."

- 로베르토 고이주에타

혹시 지금 실패를 겪고 계시는가요?

여러분의 실패를 축하합니다.
이제 성공이라는 단계까지 가까워졌으니까요.

실패라는 것도 도전한 자만이 가질 수 있는 특권이죠.

여러분을 비웃는 사람들은 아예 도전조차 하지 못하고 여러분 뒤에서 손가락질하고 있어요. 넘어지는 게 무섭고 창피해서 시도조차 하지 못하고 말이에요.

하지만 넘어질 수 있다는 것도 움직이는 자만의 특권입니다.

"배가 항구에 있을 때 가장 안전하지만,
그것이 배의 존재 이유는 아니다."

- 요한 볼프강 폰 괴테

괴테는 독일 문학을 세계적 수준으로 이끌어 올린 위대한 작가입니다.

괴테의 명언처럼 배는 항구에 있는 것이 가장 안전합니다. 굳이 위험을 무릅쓰고 항구 밖을 벗어날 필요가 없죠.

하지만 우리는 알아야 합니다. 배는 항구가 아니라 거친 바다를 헤쳐 나가기 위해 만들어졌다는 것을요.

당신이 성공하고 싶다면…
꿈은 크지만,
내가 모르는 세상이 낯설고 두려워 망설이고 있다면…
괴테의 명언을 기억하세요.

"하기 싫어도 해라. 감정은 사라지고 결과만 남는다."

- 작자 미상

의도성 체감의 법칙이라고 들어 보셨나요? 지금 할 일을 미룰수록 그 일을 실천할 가능성은 계속 작아진다는 법칙입니다.

몸을 만들어야 하는데 헬스장에 가기 싫으신가요? 하기 싫어도 하세요. 감정은 사라지고 몸에서 결과가 나올 테니까요.

좋은 성적을 받아야 하는데 공부하기 싫으신가요? 그냥 하세요. 어차피 해야 하는 거라면 질질 끌지 말고 지금 하세요.

감정은 사라지고 결과만 남을 것입니다.

"인생에 뜻을 세우는 데 있어 늦은 때라곤 없다."

- 제임스 볼드원

우리가 알고 있는 치킨 할아버지로 유명한 KFC의 설립자 '할랜드 샌더스'는 65세에 'KFC'를 창업했고, 우리나라 부자 순위 2위의 '서정진' 회장은 45세의 나이로 '셀트리온'을 창업했습니다.

나이가 어리거나 돈이 많거나 주변 인맥이 많을 경우 확실히 장점이 될 수 있습니다.

하지만 나이가 많다는 이유로 시작조차 망설인다면 그건 '적당한 핑계'일 뿐입니다.

10년 뒤에는 아마 이렇게 생각할 겁니다.

"10년 전이면 지금보다 훨씬 젊은 나이인데, 그냥 그때 해 볼걸….”

"위대한 업적은 대개 커다란 위험을 감수한 결과이다."

- 헤로도토스

여러분은 '위대한 업적' 하면 떠오르는 게 무엇이 있나요? 전기의 발명? 아니면 비행기나 우주선 발명?

혹은 다양한 병을 치료할 수 있는 치료제 개발인가요?

모든 위대한 업적에는 개인이나 단체의 노력은 물론이고 목숨을 건 위대한 실험이 있었습니다.

위대한 업적을 남기기 위해 감수해야 하는 건 목숨과도 맞바꿀 수 있는 '도전 정신'입니다.

"시작이 반이다."

- 아리스토텔레스

명언 중에 가장 흔하게 쓰이는 명언이 아닐까 싶습니다.

계획을 구상했지만, 실제로 행동으로 옮기기란 쉽지 않습니다. 귀찮고, 실패할까 봐 두렵고, 낯설고, 고통을 감내하기 어렵다는 이유를 대면서 말이죠.

목표까지 거리가 짧을수록 성취동기가 더 커지는 것을 '목표 가속화 효과'라고 합니다.

출발점에서부터 목표 지점까지 가까이 도달할수록 '나는 할 수 있다'라는 자신감이 생기게 되고, 목표를 달성할 확률이 월등히 상승합니다.

꿈을 크게 갖는 것은 매우 중요합니다. 하지만, 꿈이 너무 크면 아예 시도할 용기조차 생기지 않게 되니, 본인이 하루에 감당할 수 있을 정도의 목표를 가지고 행동으로 옮겨 보세요.

'일단 시작하세요. 그냥 생각하지 말고 하세요. 시작했다면 이미 반이나 해낸 겁니다.'

"이봐, 해 봤어? 해 보기나 했어?"

- 정주영

현대그룹의 초대 회장인 정주영 회장의 말버릇이자 명언입니다.

정주영 회장은 제가 정말 존경하는 분인데요. 저뿐만 아니라 많은 한국 사람이 존경할 만한 분이라고 생각됩니다.

밑바닥부터 현대그룹을 일궈 낸 자수성가형 인물이고, 남들이 기피하고 어려운 일들을 끈기와 노력으로 어떻게든 해내는 근성을 지닌 회장으로도 잘 알려져 있습니다.

그래서 입버릇처럼 하던 말이 "해 봤어?"이죠.

해 보기도 전에 맘대로 안 된다고 단정 짓지 말라는 것입니다.

"지식을 갖는 것만으로는 충분치 않다. 적용해야 한다.
소망을 품는 것만으로는 충분치 않다. 성취해야 한다."

- 요한 볼프강 폰 괴테

지식을 머릿속에 충분히 집어넣었다면, 이제는 행동으로 나설 차례입니다.

습득한 지식을 써먹지 못한다면 왜 지식을 얻으려고 노력하셨나요?

아무것도 하지 않으면 아무 일도 일어나지 않습니다.

기회

"작은 기회로부터 종종 위대한 업적이 시작된다."

- 데모스테네스

지금 당장은 작고 보잘것없는 기회라는 생각이 들어도 이 기회가 큰 미래를 설계하는 데 밑거름이 될 수도 있습니다.

"행운이란 준비가 기회를 만났을 때 나타난다."

- 루키우스 안나이우스 세네카

아무런 노력 없이 행운이 찾아오기만 기다리는 것은 잘못된 생각입니다.

이러한 생각은 '파랑새 증후군'이라고도 불립니다. 현실에 만족하지 못하고 새로운 이상만을 추구하는 현상이죠.

행운은 노력하는 자에게만 나타납니다.

"단순히 내가 잃어버릴까 봐 두려워했기 때문에
잃어버린 것들이 얼마나 많은가."

- 파울로 코엘료

기회가 올 때는 반드시 잡아야 합니다.

그리고 그 기회에만 집중해야 합니다.

두 마리의 토끼를 잡으려다 두 마리를 모두 놓치는 바보가 되어선 안 됩니다.

"비관론자는 모든 기회에서 어려움을 찾아내고,
낙관론자는 모든 어려움에서 기회를 찾아낸다."

- 윈스턴 S. 처칠

여러분은 비관론자인가요? 낙관론자인가요?

비관론자가 무조건 나쁘고, 낙관론자가 무조건 좋다고 말할 순 없습니다.

하지만 저는 낙관론자가 되고 싶네요.
모든 어려움에서 기회를 발견하는 사람 말이에요.

"밤에 꾸는 꿈은 당신의 삶으로부터의 도피이고,
낮에 꾸는 꿈은 그것을 현실이 되게 만드는 것이다."

- 스티븐 리처드

여러분 혹시 이 명언 알고 계시나요?

"지금 잠을 자면 꿈을 꾸지만 지금 공부하면 꿈을 이룬다."

하버드 도서관의 명언이라고 유명한 명언인데요. 저도 고3 시절 독서실 다닐 때 많이 보았던 명언입니다.

스티븐 리처드의 명언을 보니 흡사 하버드 도서관의 명언이 떠오르네요.

"절망적인 상황은 없다. 절망하는 인간만 있을 뿐이다."

- 하인츠 구데리안

하인츠 구데리안은 나치 독일의 군인이자 정치가였습니다.

나치 독일은 결론적으로 패망하긴 했지만, 전차 부대의 독립적 운영과 기동전 개념을 정립한 명장이라는 평가를 받는 사람입니다.

누구나 절망적인 상황을 맞이할 수 있습니다.

절망적인 상황에서 내가 어찌할 수 없는 상황을 제외한 나머지 상황에서는 절망적인 감정을 잘 통제한다면 다시 일어설 수 있습니다.

"스승은 문을 열어 준다.
하지만 반드시 당신 스스로 들어가야만 한다."

- 중국 속담

기회를 만들어 주는 건 스승으로서의 마지막 역할입니다.

기회를 직접 쟁취하는 건 여러분의 역할입니다.

"열린 문도 기회지만 닫힌 문도 기회다."

- 장 칼뱅

기회를 잡으려고 꼭 열린 문으로만 들어가야 할까요? 그 문이 닫혀 있다면 다른 길로 돌아가도 되지 않을까요?

혹시 모르죠.

어쩌면 다른 길로 돌아갔는데 더 큰 기회를 발견할 수도 있잖아요?

"해는 날마다 떠오르고 계절은 돌고 돈다. 다시 시작하면 된다.
마음으로 귀 기울이면 자연은 늘 속삭여 준다."

- 인디언 격언

당장 내일 죽는 게 아니라면,
내일 지구가 멸망하는 게 아니라면,
다시 시작하면 되죠.

기회는 또 있습니다.

"기회는 불운이나 일시적인 패배의 형태로 가장하고
찾아올 때가 많다."

- 나폴리언 힐

진짜 실패와 가짜 실패를 잘 구분하는 법은 기회의 유무입니다.

실패를 통해 또 다른 기회를 발견할 수 있으면 그것은 이미 실패가 아니라 성공으로 향하는 '또 다른 길'인 것입니다.

부지런함

"만약에 당신이 위대한 능력을 갖추고 있다면 부지런함이 그 능력을 향상해 줄 것이다. 만약 당신이 보통의 능력밖에 없다면 부지런함이 그 부족을 충당해 줄 것이다."

- 조슈아 레이놀즈

결국 부지런하다면 아무것도 안 하는 것보단 나을 것입니다.

본인의 능력이란 지식, 재산, 인맥만 있는 것이 아닙니다.

'부지런함'도 결국 본인의 능력입니다.

"가장 만족스러웠던 날을 생각해 보라. 그날은 아무것도 하지 않고 편히 쉬기만 한 날이 아니라, 할 일이 태산이었는데도 결국은 그것을 모두 해낸 날이다."

- 마거릿 대처

오늘 할 일을 내일로 미루지는 않았나요?

누구나 그럴 수 있어요.
항상 이야기하지만, 우리는 로봇이 아니라 사람이기 때문에 완벽할 순 없거든요.

하지만 이 명언을 보면 공감이 많이 가실 거예요.
할 일이 태산같이 쌓여 있는데 그걸 해냈을 때 성취감.

'난 해낼 줄 알았어. 미루지 않고 오늘 해낸 보람이 있구먼.'

어떤 기분인지 알고 계시죠?

침대에서 빠져나오기 힘들 때 이 명언을 떠올려 보세요.

"게으른 사람은 아무것도 해내지 못한다.
바쁘기만 한 사람도 더 나을 게 없다."

- 헤니지 오길비

게으름이 안 좋다는 것은 모두가 알고 있지만, 바쁘게 사는 것도 안 좋다고요?

핵심은 '바쁘기만 한 것'이 안 좋다는 겁니다.

제 친구 중에 정말 바쁘게 사는 친구가 있습니다. 잠은 하루 4시간만 자면서 하루 종일 배달, 일용직, 야간 아르바이트만 전전하고 있더라고요.

저도 타인의 인생에 관여할 정도로 지혜로운 사람은 아니기에 충고 따위는 해 줄 수 없지만, 본인의 인생에 목표가 없다고 한탄하더라고요.

뭐라 해 줄 수 있는 말이 없었습니다.

바쁘게 사는 것은 뻔히 알지만, 목표가 없는 사람에게 그 어떤 말도 해 줄 수가 없었습니다.

"쓰고 있는 열쇠는 항상 빛난다."

- 벤저민 프랭클린

쓰고 있는 열쇠는 녹슬지 않습니다.
하지만 사용하지 않고 지하창고에 방치된 열쇠는 부식되고 녹슬게 되죠.

열쇠뿐만 아니라 사람도 마찬가지입니다.

느려도 괜찮습니다.
천천히 목표를 향해 전진하는 겁니다.

적어도 포기만 하지 않는다면 녹슬지는 않을 거예요.

"미래는 일하는 사람의 것이다.
권력과 명예도 일하는 사람에게 주어진다.
게으름뱅이의 손에 누가 권력이나 명예를 안겨 줄까."

- 카를 힐티

적어도 목표가 있다면 목표를 이루기 위해 부지런해지세요.

반대로 목표가 없어도 일단 부지런해지세요. 침대 속에만 누워 있는다고 해서 목표가 생기지는 않으니까요.

일을 하거나 신체를 움직이다 보면 목표나 꿈이 생길지도 몰라요. 정말이에요.

실제로 여러 연구에서 증명된 내용에 의하면 일을 하거나 몸을 움직이는 것보다, 일하지 않고 가만히 있을 때 불안과 우울의 증상이 더 크다고 해요.

뇌와 신체는 연결되어 있고 상호 작용하는 관계이기 때문에 신체의 활동성이 떨어지게 되면 뇌의 활성화도 둔화한다고 하죠.

"가장 바쁜 사람이 가장 많은 시간을 갖는다.
부지런히 노력하는 사람이 결국 많은 대가를 얻는다."

- 알렉산드리아 피네

오늘 해결해야 할 일들을 모두 처리했을 때,
그 어떤 날보다 바쁜 날을 보냈을 때,
남들과 똑같은 24시간을 아주 바쁘게 보냈을 때,

당신의 가치는 더 올라갈 겁니다.

오늘 열심히 땀 흘린 당신,
결국 보상은 당신에게 돌아갈 것입니다.

꿈

"위대한 인물에게는 목적이 있고, 평범한 사람들에게는 소망이 있을 뿐이다."

- 워싱턴 어빙

소망을 목표로 바꾼다면 우리의 삶은 평범한 삶이 아니라 성공적인 삶에 가까워지겠죠?

"꿈을 크게 가져라. 깨져도 그 조각이 크다."

- 요한 볼프강 폰 괴테

내가 생각하고 그려 왔던 꿈이 100% 이루어진다면 얼마나 좋을까요?

하지만 대부분은 그렇게 되지 않죠.

꿈에 다다르지 못하더라도 꿈을 크게 가지면 그 근처라도 가게 되지 않을까요?

혹시 모르잖아요.
운이 좋으면 꿈을 이루게 될지도···.

"벨보이 시절에 나보다 일을 잘하는 사람도 많았고, 나보다 경영 능력이 뛰어난 사람도 많았다. 하지만 자신이 호텔을 경영하게 되리라 믿은 사람은 나 혼자뿐이었다."

- 콘래드 힐튼

세계적으로 유명한 힐튼 호텔의 창업자인 콘래드 힐튼의 명언입니다.

꿈을 이루기 위해서 가장 중요한 것은 자신을 믿는 것입니다. 노력, 끈기, 인내, 행운 다양하고 복합적인 요소들이 작용할 테지만 가장 중요한 것은 구체적으로 미래를 설계하고 나 자신을 믿는 것이죠.

남들이 다 안 된다고 하는 걸 나조차 의심하고 불안해하면 어떻게 꿈을 이룰 수가 있겠어요?

"쇠가 뜨거울 때 망치를 두들겨라."

- 푸블릴리우스 시루스

쇠를 불 속에서 꺼내 망치질을 하면 대장장이가 마음먹은 대로 모양을 만들 수 있지만, 시간이 지나 불이 식어 버리면 대장장이가 마음먹은 대로 되지 않습니다.

오히려 힘만 들 뿐이죠.

세상 모든 일에는 최적의 효과를 내는 시기가 있습니다.

지금 마음속에 꿈을 그리고 있다면 지체하지 말고 당장 실행에 옮기세요.

"꿈을 이루는 것은 힘든 일이다.
하지만 꿈이 없다면 아무것도 이룰 수 없다."

- 작자 미상

이루기 힘든 꿈을 가진 것보다 더 비참한 것은,
그 어떠한 꿈도 가지고 있지 않은 것입니다.

"사람을 지치게 하는 것은 눈앞의 산이 아니라
신발 안에 든 자갈이다."

- 무하마드 알리

본인의 꿈을 이루기 위해 세운 장대한 목표에 무릎을 꿇는 사람은 없습니다.

무릎을 꿇게 만드는 것은 주변 사람의 비난, 시간이 없다는 핑계, 스스로의 과소평가와 같은 사소한 이유 때문입니다.

산을 정복하기 위해서 나를 지치게 하는 신발 안의 돌멩이는 재빨리 털어 버리세요.

용기

"용기란 두려워하지 않는 것이 아니라
두려움을 느낄 때 그것을 극복하는 것이다."

- 마크 트웨인

삶을 살아가면서 용기를 가져야 할 순간은 많이 있습니다.

두렵고, 무섭고, 힘들어도 한순간의 용기로 극복할 수만 있다면, 그건 더 이상 두려움이 아니게 됩니다.

똑같은 순간을 맞닥뜨리더라도 두려움이 생기지 않을 것입니다.

"이 세상에 기쁜 일만 있다면 용기도 인내도
배울 수 없을 것이다."

- 헬렌 켈러

두려움이 없다면 용기도 없을 것입니다.

두려움과 공포를 극복하기 위한 무기가 용기인 법이니까요.

불행하고 암울한 상황에서도 배울 점은 있는 법이죠.

"일이 어렵기 때문에 해낼 용기가 없는 것이 아니다.
그것을 해낼 용기가 없기 때문에 일이 어려운 것이다."

- 루키우스 안나이우스 세네카

세상에는 크고 작은 일들이 있죠.

어떤 일들은 시도조차 하지 못할 정도로 크게 느껴지고, 어떤 일들은 식은 죽 먹기처럼 만만한 일들이 있죠.

본인의 능력을 과소평가하고 겁부터 먹고 있다면 이 명언을 한 번 떠올려 보세요.

"뛰어라. 그렇게 하면 떨어지는 순간에
날개를 펴는 법을 배울 수도 있으니까."

- 레이 브래드버리

지레 겁먹지 말고, 일단 한번 해 보세요.
설마 실패한다고 내일 지구가 멸망이라도 하겠어요?

우리에게는 '하다 보면 어떻게든 되겠지'라는 마인드가 필요합니다. 완벽을 추구하다 보면 시작도 하지 못할 겁니다.

어쩌면 위기의 순간에 자신도 모르는 잠재 능력이 발휘될 수도 있잖아요?

제3장

마음의 양식 쌓기

- 지혜
- 건강
- 정치
- 군사/전쟁
- 죽음
- 지식
- 추억

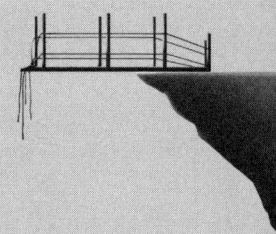

지혜

"싫어하는 사람을 상대하는 것도 하나의 지혜이다."

- 발타사르 그라시안

대한민국의 건강한 남자라면 다들 군대를 가잖아요? 저도 군대는 다녀왔지만, 군대에서 가장 힘든 게 무엇이라고 생각하시나요? 야간 훈련? 당직 근무? 군대에 자유를 빼앗겼을 때?

제가 생각하기에 가장 힘든 것은 정말 죽도록 싫은 사람과 24시간을 항상 붙어 있어야 한다는 거예요. 하지만 그 사람이 죽지 않는 이상 피할 수는 없어요. 우리는 싫어하는 사람을 상대함으로써 불쾌한 감정을 이겨 내고, 그 사람과의 타협점을 찾아 가면서 삶의 경험치를 쌓아야 합니다. 같이 대화를 섞는 것조차 정말 싫겠지만, 싫어하는 사람에게서도 배울 점은 있습니다.

'나는 저렇게 행동하지 말아야지. 나는 저런 사람이 되지 말아야지.'

비록 이런 사람에게서라도 교훈을 얻으려고 노력해야 합니다.

"넘어지면 무언가를 주워라."

- 오즈월드 에이버리

실패를 겪어야지 알 수 있는 것들이 있습니다.

실수하지 않고 실패 없이 성공 가도를 달리는 것만큼 무서운 게 없습니다. 실패를 겪어 본 적이 없어 다시 일어서는 방법을 모르기 때문입니다.

그리고 실패 없이 너무 멀리, 너무 높이 올라갔기 때문에 떨어질 때의 충격이 더 큰 법이죠.

또한, 계속 실패하고 있다면, 이번 실패를 교훈으로 삼아 다음에 실패하지 않기 위해 노력해야 합니다.

넘어졌다면 반드시 무언가를 주우세요.

"살면서 누구를 만나느냐에 따라 인생이 달라질 수 있어. 파리 뒤를 쫓으면 변소 주변이나 어슬렁거릴 거고 꿀벌 뒤를 쫓으면 꽃밭을 함께 거닐게 된다잖아."

- 드라마 〈미생〉 中

세상에서 나 자신이 제일 중요하지만, 내 주변에 함께하는 사람이 누구인지도 참 중요합니다.

먹을 가까이하다 보면 자신도 모르게 검어진다는 뜻의 '근묵자흑'이라는 사자성어도 있듯이, 이왕이면 파리랑 노는 것보다 꿀벌이랑 노는 게 더 좋죠.

똥을 먹는 것보다 꿀을 먹는 게 더 좋잖아요.

꿀벌을 내 주변으로 모이게 하기 위해서는 나 자신이 '똥'이 아니라, '꽃'이 되어야 한다는 것도 잊지 말아야 합니다.

**"상대에게 맞추려면 가장 먼저
상대가 나와 다르다는 것을 인정해야 한다."**

- 법정 스님

예전 군에서 생활할 때 사단장님께서 하신 말씀이 생각나네요.

"성격에는 좋고 나쁘고가 없다. 100명의 사람이 있으면 100가지의 성격이 있는 것이다."

물론 '사회적' 관점에서 보면 사람들과 잘 어울리는 좋은 성격과 어딘가 화나 보이는 모난 성격으로 나뉘긴 하지만, 사람 성격 자체를 좋고 나쁨으로 구분 지을 순 없겠죠.

사람과의 관계에서 잘 지내려면 '나'와 '당신'은 다르다는 걸 인정해야 합니다.

"세상에서 가장 현명한 사람은 만난 사람에게서 무언가를 배우는 사람이다. 가장 사랑받는 사람은 칭찬하는 사람이고, 가장 강한 사람은 감정을 조절할 줄 아는 사람이다."

- 《탈무드》

《탈무드》의 명언은 이 책에서 여러 번 다루었는데요.
삶의 지혜를 엿볼 수 있는 명언입니다.

위의 명언대로라면 저 역시 현명한 사람은 아닙니다.

현명해지고, 사랑받고, 강한 사람이 되도록 노력해야겠네요.

"과거를 기억하지 못하는 이들은 과거를 반복하기 마련이다."

- 조지 산타야나

이미 지나간 과거를 우리가 왜 알아야 할까요?

우리는 미래를 알 수 없지만, 과거는 알 수 있습니다.

과거의 실수를 두 번 다시 저지르지 않기 위해 교훈 삼고 배워야 합니다.

'역사를 잊은 민족에게 미래는 없다'라는 말도 같은 말이라고 할 수 있겠네요.

"잘 모르고 무식한 사람이 신념을 가지면 무섭습니다."

- 이경규

책을 안 읽은 사람보다 한 권만 읽은 사람이 더 무섭다는 말 들어 보셨나요?

잘 알지도 못하는 사람이 어디서 주워들은 건 있어서 그게 무조건 옳다고 생각하고 타인을 몰아세우는 것.

실제로 겪어 보면 정말 소름 끼칩니다.

"좋은 항아리가 있으면 아낌없이 사용하라.
내일이면 깨질지도 모른다."

- 《탈무드》

'아끼다 똥 된다'라는 말도 위와 비슷하죠.

너무 아끼다가 보면 결국 나중에 쓰지도 못할 정도로 쓸모없게 된다는 뜻이죠.

아무리 좋은 거라고 해도 모셔 두기만 하면 소용이 없습니다.

"큰일을 먼저 하라. 작은 일은 저절로 처리될 것이다."

- 데일 카네기

화장실 변기 칸에서 볼 수 있는 명언으로 유명하죠?

유머스럽긴 하지만,
현실에서 이 명언은 꽤 도움이 된답니다.

"나무를 보고 숲을 보지 못한다."

- 일본 속담

나무가 아닌 숲을 보라, 이관규천, 정저지와 등등 다르게 불리고 있지만 모두 같은 내용을 담고 있습니다.

숲을 보지 못하고 바로 눈앞의 나무만 보는 사람이 있습니다. 제 주변에도 많이 볼 수 있어요.

당장 눈앞의 작은 이익만을 바라보고 거기에만 몰두하며 시간을 낭비하는데, 정작 더 큰 이익을 만들 방법이 있지만 거기까지는 생각도 안 하고 포기해 버리더라고요.

숲을 가질 수 있지만 인내하기 싫어서 당장 눈앞의 나무만으로 만족하는 참 안타까운 유형입니다.

그래도 본인이 만족한다면 할 말이 없지만요.

"인간의 위대함에 대한 나의 공식은 '운명을 사랑하는 것'(아모르 파티)이다. 그가 다른 것이 되기를 원하지 않는 것, 앞으로도, 뒤로도, 전부 영원히. 필연적인 것은 그저 견뎌 내는 것이 아니며, 감추는 것은 더욱더 아니라 ― 모든 이상주의(관념론)는 필연적인 것 앞에서 허위다. ― 오히려 사랑하는 것이다."

- 프리드리히 니체

여러분은 운명을 믿으시나요?

운명은 개척해 나가는 것으로 생각하지만, 정말 운명이라는 게 있다면 마음이 편할지도 모르겠네요.

'결국 이렇게 될 운명이었겠지. 신경 쓰지 말자.'

과거도 현재도 미래도 결국 운명의 손에 맡기고 그 운명을 사랑하는 것. 과거를 후회하지 말고 현재를 불안해하지 말고 미래를 걱정하지 않는 것.

운명이란 그런 거 아닐까요?

"생태계에서 끝까지 살아남는 종은 가장 강하거나
가장 똑똑한 종이 아니라 변화에 가장 잘 적응하는 종이다."

- 찰스 다윈

이 명언은 생태계뿐만 아니라 기업과 회사에서도 크게 적용할 수 있습니다.

시대는 빠르게 변하고 있고, 그 시대에 적응하지 못하는 기업과 회사들은 경쟁업체들로부터 무너질 수밖에 없습니다.

시대에 빠르게 적응해서 살아남아야 합니다.

냉정하지만 적응하지 못하는 쪽이 도태되는 것은 당연한 걸지도 모르겠네요.

"20대의 당신의 얼굴은 타고난 것이지만,
50대의 당신의 얼굴은 스스로 가치를 만들어야 한다."

- 가브리엘 코코 샤넬

나이가 들수록 그 사람의 인성, 품격과 성격은 얼굴에 고스란히 나타나게 됩니다.

사람의 겉모습만 보고 판단하면 안 되지만 사람의 첫인상은 얼굴과 같은 외적인 부분을 어쩔 수 없이 가장 먼저 보게 되니까요.

나이가 들어 얼굴에 노화가 찾아오는 것은 노력 없이 얻을 수 있지만, 사람들로부터 존경받는 얼굴은 노력 없이 얻을 수 없습니다.

"우리가 직면한 중대한 문제들은 우리가 그 문제들을 발생시킨 그 당시 갖고 있던 사고방식을 가지고는 해결할 수 없다."

- 알베르트 아인슈타인

아인슈타인의 명언입니다.

'문제를 해결하기 위해서는 기존의 사고방식을 바꿔야 한다'는 것을 알려 주고 있습니다.

하긴, 기존의 생각으로 문제가 발생했는데 동일한 사고방식으로 문제를 해결할 순 없겠죠?

건강

"건강에 대한 지나친 걱정만큼 건강에 치명적인 것은 없다."

- 벤저민 프랭클린

'건강 염려증'이라고도 불리는 질병 불안장애를 아시나요?

건강에는 아무런 문제가 없고 건강한 사람인데 자기 몸에 이상이 있는 것처럼 두려움을 갖고 살아가는 병입니다.

건강 염려증은 만성 정신질환으로 분류가 되어 있어서 정신 치료를 받아야 합니다.

실제로 자기 몸에 병이 있는 줄 알고 지속적인 스트레스에 노출되어 건강을 악화시키기도 한다고 합니다.

그러니 우리 모두 지나친 걱정은 접어 두기로 해요.

"건강은 제일의 재산이다."

- 랠프 월도 에머슨

건강을 잃으면 모든 것을 잃는다고 합니다.

저는 아직 암에 걸려 본 적은 없지만, 크게 아팠던 순간이 몇 번 있습니다.

그럴 때마다 속으로 생각하곤 했습니다. 돈, 집, 차 다 필요 없으니 그냥 건강하기만 했으면 좋겠다고요.

물론 다시 건강해지니 욕심이 생기더라고요. ^^

아무튼 건강하지 못해서 죽을병에 걸렸는데, 돈, 명예, 권력이 무슨 소용 있겠어요?

"건강한 신체에 건전한 정신이 깃든다."

- 데키무스 유니우스 유베날리스

혹시 드라마 〈미생〉 보셨나요?
저는 굉장히 재밌게 봤는데요. 미생에는 이런 말이 나옵니다.

"이루고 싶은 게 있다면 체력을 먼저 길러라. 네가 종종 후반에 무너지는 이유, 대미지를 입은 후에 회복이 더딘 이유, 실수한 후 복구가 더딘 이유. 다 체력의 한계 때문이야. 체력이 약하면 빨리 편안함을 찾게 되고, 그러면 인내심이 떨어지고, 또 그 피로감을 견디지 못하면 승부 따위는 상관없는 지경에 이르지. 이기고 싶다면 고민을 충분히 견뎌 줄 몸을 먼저 만들어. 정신력은 체력의 보호 없이는 구호밖에 안 돼."

"운동을 위해 시간을 내지 않으면,
병 때문에 시간을 내야 하게 될지도 모른다."

- 로빈 샤르마

아무리 바쁘더라도 건강을 돌보는 일 또한 소홀히 할 수 없습니다. 건강을 위해 운동을 해야 한다는 사실은 여러 논문과 실험을 통해 입증되었죠.

병을 치료하기 위해 시간을 허비하는 것보단 운동에 시간을 투자하는 것이 더 현명합니다.

정치

"모든 국가는 그에 걸맞은 정부를 가진다."

- 조제프 드 메스트르

그 나라의 대통령을 보면 국민성을 알 수 있다고 했습니다. 부정선거가 아닌, 민주주의에 의해 정당하게 투표로 뽑혔을 때 말이죠.

대통령이 잘하고 못하고, 국회의원이 부패했고 안 했고, 따질 필요 없습니다.

어차피 그들을 뽑은 건 국민이기 때문이죠.

"정치를 외면한 가장 큰 대가는
가장 저질스러운 인간들에게 지배당한다는 것이다."

- 플라톤

주변에 생각보다 정치에 관심이 없는 사람들이 많습니다.

지나친 관심은 '정치병'에 걸릴 수 있으니 주의해야 하지만, 관심을 전혀 갖지 않으면 얼간이들이 나라 운영을 마음대로 해 버릴지도 몰라요.

"사람들이 생각하기를 좋아하지 않는다는 것이
그들을 관리하는 정부에게는 얼마나 행운인가."

- 아돌프 히틀러

정치에 대한 무관심과 무지의 결과는 결국 자신에게 돌아오게 됩니다.

자신이 정부로부터 무엇을 뺏긴지도 모른 채 말이죠.

정부는 말 잘 듣는 국민을 좋아합니다.

세금을 많이 거둬도, 예산을 횡령해도 아무 관심도 없는 국민은 더 좋아하죠.

"민주주의 제도에서 유권자 한 사람의 무지가
모든 사람의 불행을 가져온다."

- 존 F. 케네디

미국의 35대 대통령인 존 F. 케네디의 명언입니다.

인터넷에서 유행하는 말 중에 '같은 한 표'라는 말이 있습니다. '저따위의 사람도 남들과 같은 한 표를 행사할 권리가 있다는 사실에 답이 없다'라는 뜻으로 쓰이는 정치 혐오 표현입니다.

잘 모르는 무식한 사람이 신념을 가지고 잘못된 정보에 선동당하게 되면 나비효과로 인해 나라 전체가 위험해질 수 있습니다.

"민주주의가 성립하기 위해서 우리는 단순 관찰자가 아닌 참여자가 되어야 한다. 투표하지 않는 자, 불평할 권리도 없다."

- 루이스 라무르

민주주의 제도에서 투표는 누가 뭐라 해도 가장 중요하다고 할 수 있습니다. 선거는 민주주의의 꽃이니까요.

투표하는 날을 그냥 단순히 빨간날이라고 생각하는 사람들이 많습니다. 투표하지 않고 놀러 가기에 바쁘죠. 찍을 사람이 없어 투표를 하지 않는다는 주변 사람들에게도 꼭 이야기해 줍니다. 찍을 사람이 없으면 무효표라도 찍으라고 말이죠.

투표하지 않는 계층은 절대 보호받지 못합니다. 정치인은 표를 먹고 살기 때문에 20대든 60대든 투표율이 저조한 계층은 정치인이 관심을 두지 않죠. 투표에 가장 적극적으로 관여하는 계층만이 원하는 것을 얻을 수 있습니다.

투표를 하지 않는다면 내가 사는 세상에 불만을 가져선 안 됩니다. 세상을 움직이는 데 참여하지 않았으니까요.

군사/전쟁

"무기는 설사 100년 동안 쓸 일이 없더라도,
단 하루도 갖추지 않을 수 없다."

- 정약용

인류가 행하는 행위 중 가장 최악은 전쟁입니다.
전쟁은 절대 하지 말아야 합니다.

하지만, 우리가 전쟁을 하지 말자고 해도 이웃 국가들의 높으신 분들의 생각은 다를 수 있겠죠?

그래서 쉽게 침략당하지 않기 위해서 항상 대비를 하고 있어야 합니다.

"평화를 원한다면 전쟁을 준비하라."

- 《군사학 논고》

학교에 한 학생이 있습니다.
이 학생은 비교적 왜소한 체형에다 힘도 세지 않았습니다. 학생은 소위 힘자랑하는 일진 무리들로부터 괴롭힘을 당하고 있었습니다. 어느 날, 이 학생은 용기를 내어 그들에게 "우리 싸우지 말고 친하게 지내자"라며 평화 협정을 시도했습니다. 그러나 이는 소용이 없었으며 오히려 뒤통수만 얼얼하게 얻어터질 뿐이었습니다.

이곳엔 또 다른 학생이 있습니다.
이 학생은 체격이 다부진 유도부였습니다. 이 학생은 누군가를 괴롭히지도 않았으며, 심지어 친절하기까지 했습니다. 일진 무리 또한 이 학생을 건드리지 않았습니다. 학생이 먼저 "싸우지 말고 친하게 지내자" 제안해도, 그들은 눈치만 주고받으며 자리를 피할 뿐이었습니다. 학생은 아무런 무력도 취하지 않았지만 이미 평화를 쟁취한 셈이었습니다.

이처럼 다른 나라의 괴롭힘과 침략을 받지 않으려면 국방력은 반드시 키워야 합니다. 아예 '침략해야겠다'라는 생각 자체를 못 하도록 해야 합니다. 세상은 평화주의자만 있는 것이 아니거든요.

"평화적 수단으로밖에 평화를 실현할 수 없다고 생각하는 국가는 머지않아 다른 국가에 흡수될 것이다."

- 리처드 닉슨

"모두 무기를 내려놓으세요. 서로 평화롭게 지냅시다."

평화적인 수단으로 평화를 가능하게 한다면 얼마나 좋을까요? 그럼, 이 세상의 모든 국가에서는 비싼 비용을 들여서 군대를 유지하지 않아도 될 텐데 말이죠. 모든 군대를 해산하고 서로의 영역도 침범하지 말고 그냥 우리끼리 잘 살자고요.

너무 꿈같은 이야기죠?

그렇게 생각하는 순간, 다른 나라의 침략을 받게 될 겁니다.

"전투에서 패배하는 것 다음으로 비참한 것은
전투에서 승리하는 것이다."

- 아서 웰즐리

전쟁에서의 승리 후 마냥 행복하고 즐겁기만 할까요?

전쟁에서 패배한 국가는 천문학적인 전쟁배상금을 지불해야 하기에 전쟁에 참여한 국가들은 필사적으로 이기려 할 것입니다.

전쟁에서 져도 비참하지만, 이겨도 비참하죠.

전쟁배상금이 없을 뿐이지, 많은 사람의 죽음과 트라우마, 불에 타고 붕괴된 건물들, 밤새 악몽에 시달리는 살아남은 사람들, 후유증으로 몸부림치는 주변 사람들….

상상만 해도 지옥 그 자체네요.

죽음

"보람 있게 보낸 하루가 편안한 잠을 주듯이 값지게 쓰인 일생은 편안한 죽음을 준다."

- 레오나르도 다 빈치

죽음이 눈앞에 다가올 때, 그래도 '후회 없이 잘 살았다'라는 느낌이 들 수 있도록 하루를 보람차게 살아야겠네요.

저도 하루를 나태하게 보낼 때가 있는데 마음을 다시 잡아야겠어요.

"죽음이 있기에, 인생이 더 가치 있는 법이다."

- 작자 미상

삶은 죽음을 통해 완성된다는 말이 있죠.
영원히 살 수 있다면 과연 행복하고 좋을까요?

저도 어릴 적에는 영원히 사는 뱀파이어 같은 존재가 부럽다고 생각했지만, 언젠가부터 그런 인생은 참 불행할 것이라는 생각이 들더라고요.

우리 주변에 발에 차일 만큼 다이아몬드가 많다면 그만한 가치를 가지고 있을까요?

죽음이 있기 때문에 인생이 더 소중하고 가치가 있다고 생각해요. 우리의 삶은 무한하지 않으니까 지금, 이 순간에도 최선을 다해야겠죠.

"지난날 모든 일을 다루던 영웅도 마침내 한 무더기의 흙이 된다. 나무꾼과 목동은 그 위에서 노래를 부르고, 여우와 토끼는 그 옆에 굴을 파게 된다."

- 문무왕《유조》

앞으로 100년 뒤에는 우리 모두 죽고 없습니다. 우리가 소유하고 있던 물건들은 다른 사람이 소유하게 될 것이고, 우리가 살던 집에는 다른 사람이 살고 있겠죠. 우리 후손들은 우리가 누군지 잘 모를 것이고, 기억도 못 할 거예요. 우리도 증조할아버지가 어떤 분이셨는지 잘 모르잖아요?

우리가 죽고 나서 몇 년 뒤에는 사진으로 기억되거나 동영상으로 기억되겠지만, 몇십 년 뒤에는 아무도 기억 못 할 거예요. 역사 속으로 사라지는 거죠.

지금 무엇을 위해 아등바등하고 있는지 모르겠지만, 잠시 숨을 고르고 위의 말을 되새겨 보세요. 그리고 가장 좋아하는 일을 하세요. 마음이 이끌리는 것을 선택하세요.

한 번뿐인 인생, 좋아하는 것만 하기에도 인생은 짧으니까요.

지식

"배우면서 생각하지 않으면 이득이 없고,
생각하되 배움이 없으면 위험하다."

- 《논어》 위정편

하나의 지식을 배우더라도 올바르게 배워야 합니다.
올바른 배움 없이 본인의 생각을 무작정 주장하는 것 또한 매우 위험한 행동임을 알려 주고 있습니다.

"사람들은 자신의 재산에는 만족하지 않지만,
자신의 지식에는 만족한다."

- 레프 톨스토이 《안나 카레니나》

돈을 가장 가치 있게 쓰는 방법은 배움과 지식에 투자하는 것이라는 말도 있습니다.

지식에 투자하면 돈은 더 많이 들어올 것입니다.

모든 지식인이 부자는 아닙니다.
하지만 부자 중 멍청한 사람은 없습니다.

"엉터리로 배운 사람은
아무것도 모르는 사람보다 더 어리석다."

- 벤저민 프랭클린

잘못된 지식을 본인 혼자만 알고 있으면, 그건 그나마 괜찮은 경우입니다.

하지만 잘못된 정보를 사람들에게 퍼트리고 선동하는 것은 명백한 잘못입니다.

사상과 정치이념이라는 민감한 부분은 사람마다 생각과 가치관이 다르기 때문에 무엇이 정답이라고 딱 잘라서 말할 순 없지만, 누가 봐도 엉터리 정보를 사실인 것처럼 얘기하고 다니는 것은 정말 어리석은 행위입니다.

"모든 지식은 경험에 바탕을 두고 있다."

- 임마누엘 칸트

임마누엘 칸트는 비판철학을 통해 서양 근대철학을 종합한 철학자입니다.

경험은 최고의 배움이라고들 하죠.

지금까지 살아오면서 쓸데없는 경험이라는 건 없습니다.

결국 그것 또한 지식이며 나에게 도움이 될 때가 반드시 옵니다.

"책은 인생이라는 험한 바다를 항해하는 데 도움이 되도록 남들이 미리 마련해 준 나침반이요, 망원경이요, 지도이다."

- 아놀드 베네트

책을 가까이하면 인생을 살아가는 데 있어 도움이 많이 되는 것 같아요.

게임으로 비유하자면 본게임 시작 전 이것저것 조작법을 알려 주는 튜토리얼과 비슷하달까요?

튜토리얼을 건너뛰어도 게임하는 데 지장은 없지만, 튜토리얼을 진행한 사람과 하지 않은 사람은 결국 차이가 날 수밖에 없습니다.

추억

"어떤 일을 해야 할지 모르겠다면
나중에 추억하고 싶을 만한 일을 선택해라."

- 엘비스 프레슬리

내가 살아온 과정을 되돌아보고 뿌듯함과 성취감을 느끼는 것, 진정 그것이 내 삶의 가치를 더욱 상승시켜 주는 요소 아닐까요?

지금 하고 있는 당신의 일이 나중에 추억을 회상했을 때 자기 삶이 진정으로 가치 있다고 여겨지길 바랍니다.

"언젠가 당신도 누군가의 추억이 될 테니,
좋은 추억이 되기 위해 노력하라."

- 작자 미상

당신은 잘 모르겠지만, 당신은 누군가의 우상이자 롤 모델이었고, 누군가의 첫사랑이자 좋은 사람이었다고 추억될 것입니다.

우리는 모두 누군가에게 좋은 기억을 심어 주었던 사람이었을 것입니다.

우리 모두 이 사실을 잊지 말고 앞으로도 좋은 사람이 될 수 있도록 노력해야겠지요.

"과거의 눈물을 돌아보는 것이 나에게 웃음을 줄 수 있다는 것은 알았지만, 과거의 웃음을 돌아보는 것이 나에게 눈물을 줄 수 있다는 것은 알지 못했다."

- 캣 스티븐스

추억은 참 신기해요.

괴롭고 힘든 기억은 시간이 지날수록 무뎌지고 미화되기 마련이지만, 좋고 행복했던 기억들은 다시는 돌아갈 수 없으니까 괜히 씁쓸해지고, 울적한 기분이 들곤 하죠.

제4장

한 단계 성장하기

- 실패
- 복수
- 자아 성찰
- 후회
- 걱정
- 인내
- 용서
- 고통

실패

"실패는 잊어라. 그러나 그것이 준 교훈은 절대 잊으면 안 된다."

- 허버트 스펜서 개서

교훈을 얻을 수만 있다면 몇 번의 실패도 두렵지 않습니다.

대신 넘어진다면 무언가를 꼭 주워야겠죠.

"실패를 두려워하는 이유는
그 일을 달성하기까지의 난관을 미리 생각하기 때문이다."

- 노먼 빈센트 필

본인이 가고자 하는 길의 미래를 구체적으로 그려 보면 역경에 처했을 때 대처하는 법을 생각할 수 있습니다.

하지만 조금만 단순해져 볼까요?
그냥 생각하지 말고 일단 해 보는 겁니다.
우리는 때때로 단순해질 필요가 있습니다.

난관을 미리 생각하지 말고 '난관이 오면 어떻게든 해결되겠지' 라는 마음가짐이 필요합니다.

"승자는 일곱 번을 쓰러져도 여덟 번 일어서지만,
패자는 쓰러진 일곱 번을 낱낱이 후회한다."

- 《탈무드》

실패는 성공의 과정 중 하나일 뿐입니다.

넘어졌다면?
괜찮아요. 다시 일어서면 됩니다.

단지 그뿐이에요.

"현명한 사람은 큰 불행도 작게 처리하고 어리석은 사람은 조그마한 불행도 현미경으로 확대하여 스스로 큰 고민 속에 빠진다."

- 프랑수아 드 라 로슈푸코

불행의 정도의 차이는 본인의 마음가짐입니다.

주변에 보면 '솔직히 별것도 아닌데 왜 저렇게까지 하지?'라고 의문이 드는 사람이 있거든요.

그 사람에게 이 명언을 보여 주고 싶네요.

"실패는 절대 유쾌하지 않지만 큰 도움이 되기도 한다.
심지어 새로운 깨달음을 주기도 한다."

- 토드 던칸

실패를 해야지만 보이는 것들이 있죠.

물론 실패를 적게 하면 좋겠지만, 실패 없이 성공 가도를 질주하는 것은 위험합니다.

지금까지 실패를 모르고 달려온 사람이 한 번의 실패를 맛보게 되면 충격이 훨씬 큰 법이거든요.

복수

"잘 살아라. 그것이 최고의 복수다."

- 《탈무드》

유대인 율법 학자들이 사회의 모든 사상에 대하여 해설한 것을 집대성한 책인 《탈무드》는 설명한 그대로 유대교의 경전입니다. 유대인들의 정신적인 유산인 것이죠.

당시 유대인들은 오랜 시간 강자들로부터 핍박받던 상황이었습니다. 그런 상황에 위 명언은 유대인들만이 가진 지혜이자 동력이라고 볼 수 있습니다.

시대와 장소, 인종을 불문하고 누군가를 신체적, 정신적으로 복수하려 한다면 가장 피곤하고 스트레스받는 것은 본인입니다. 내가 복수해야 하는 이유에 대해서 끊임없이 생각하고 과거의 아픈 기억을 계속 생각해야 하니까요. 게다가 현재 사회에서 육체적으로 복수하려 했다간, 내 남은 인생을 교도소에서 보낼 수도 있겠죠?
'고작' 그런 놈들(복수 대상) 때문에 내 인생을 내던질 필요가 없습니다.

정신적으로 복수하는 방법 중 가장 훌륭한 방법은 우선 내가 잘 사는 겁니다.

"복수를 하려면 먼저 무덤 두 개를 파 두어라."

- 일본 속담

복수와 관련된 속담이나 명언 중 가장 유명한 말이 아닌가 싶어요.

누군가에게 복수를 하고 싶나요?
그럼 일단 무덤 두 개를 준비하세요.
복수 대상자의 무덤과 나 자신의 무덤.

복수가 끝나고 홀가분할 것이라고 생각하지 마세요.

다음은 내가 무덤에 들어가야 할지도 모릅니다.

"가장 최고의 복수는 큰 성공을 거두는 것이다."

- 프랭크 시나트라

누구나 복수하고 싶은 대상 한 명쯤은 있지 않나요?

저 또한 마찬가지인데요. 평소에 잊고 지내다가 그 사람만 생각하면 심사가 뒤틀리고, 하루 종일 복수하고 싶다는 생각밖에 안 떠올라요. 심지어 그냥 죽여 버리고 악연을 깔끔히 끝내고 싶다는 생각까지 들어요.

하지만 현실적으로 생각해 봅시다. 우리나라 경찰의 수사력은 세계 최고 수준입니다. 살인 사건을 일으킨 당신은 당연히 감옥으로 가야겠죠? ('안 잡히면 되지'라고 생각하지 마세요. 절도, 폭행 사건이 아닌 살인 사건이라면 무조건 잡힙니다.)

그걸로 만족인가요?
당신 인생에 전혀 도움이 안 되는 인간을 죽임으로써 당신은 감옥살이를 하게 되었는데도요? 당신은 당신 인생을 스스로 망치고 있군요.

복수를 위해 본인 인생에서 성공하세요.
복수심을 연료로 활용하세요.

자아 성찰

"타인의 결점은 우리의 눈앞에 있고,
우리 자신의 결점은 우리의 등 뒤에 있다."

- 루키우스 안나이우스 세네카

타인의 잘못을 지적하기 전에 나 스스로를 돌아보세요. 나는 제대로 하고 있는지, 내가 틀리지 않았는지 말이에요.

사람들은 남에게는 엄격하면서 본인에게는 관대한 법이죠.

나에게는 엄격하면서 남에게는 관대한 사람이 되어야 합니다. 그게 쉽지 않지만요.

"아무리 유익한 책이라도 절반은 독자가 만드는 것이다."

- 볼테르

똑같은 책을 읽더라도 독자마다 각자의 생각이 다를 수 있죠. 아주 유명한 작가가 쓴 책을 읽더라도 "뭐 나한텐 재미없네", "별로네"라고, 느낄 수도 있습니다.

반대로 유명하지 않은 작가가 쓴 책인데도 불구하고 상당한 흥미를 느낄 수도 있고, 어떠한 결심과 다짐을 했을 수도 있죠.

이 책은 여러분들에게 후자가 되길 바랍니다.

사소한 명언집이더라도, 하루에 한 페이지만 읽어 보세요. 삶이 달라질 거예요.

"햇빛은 하나의 초점에 모일 때만 불꽃을 피우는 법이다."

- 알렉산더 그레이엄 벨

현재 자신이 조직에서 리더의 자리에 앉아 있다면 팀원들에게 해줄 명언으로 적합한 것 같아요.

오합지졸같이 행동하지 말고, 우리가 하나가 될 때 비로소 우리의 진정한 능력이 발휘된다고 말이에요.

"자신이 내놓은 통계가 아니라면 그 어떤 통계도 믿지 마라."

- 윈스턴 S. 처칠

비판을 하든 칭찬하든 본인이 직접 겪은 것에만 반응하세요.

색안경을 끼고 상대를 바라보지 마세요.

통계 중 가장 확실한 통계는 자기 경험입니다.

"깊은 강물은 돌을 집어 던져도 흐려지지 않는다.
모욕을 받고 이내 발칵 하는 인간은 작은 웅덩이에 불과하다."

- 레프 톨스토이

그릇이 작은 사람은 감정이 본인을 지배하지만,
그릇이 큰 사람은 본인이 감정을 지배합니다.

"네 자신의 불행을 생각하지 않게 되는 가장 좋은 방법은 일에 몰두하는 것이다."

- 루트비히 판 베토벤

불행이 오랫동안 지속되면 우울증이 찾아올 수 있죠.

침대에만 누워 있으면 육체의 나태함이 감정까지 지배하게 됩니다.

우울증을 극복할 수 있는 여러 방법 중에 '육체적인 활동'이 있습니다.

또한, 한 가지 일에 몰두하게 되면 성취감과 목표 달성의 쾌감을 느낄 수 있어 불행하다는 감정을 느끼기 쉽지 않습니다.

"직접 눈으로 본 일도 오히려 참인지 아닌지 염려스러운데 더구나 등 뒤에서 남이 말하는 것이야 어찌 이것을 깊이 믿을 수 있으랴?"

- 《명심보감》

본인이 직접 겪은 일에 관해서만 이야기하세요. 굳이 좋지 않은 소문을 괜히 입 밖으로 꺼낼 필요가 없습니다.

본인의 이미지가 좋아지는 것도 아니고, 그 소문은 대부분 과장된 것이기 때문입니다.

사회 초년생 여러분 꼭 새겨들으셔야 합니다.

"삶은 자전거를 타는 것과 같다.
균형을 유지하려면, 계속 움직여야 한다."

- 알베르트 아인슈타인

자전거를 탈 때 넘어지지 않고 균형을 잡으려면 페달을 계속 밟아 줘야 합니다.

균형을 유지하기 위해 몸을 계속 움직인다는 것은 물리적인 것뿐만 아니라 정신적인 부분도 크게 적용됩니다.

마음과 생각의 올바른 균형을 위해서 열린 사고방식과 '내 말이 맞아'라는 고정관념을 개선할 필요가 있겠죠?

"같은 강물에 두 번 발을 담글 수 없다.
강물은 흐르고 사람은 변하기 때문이다."

- 헤라클레이토스

세상에 영원한 것은 없습니다.

변화는 삶의 본질입니다.
지상에 있는 모든 것은 매 순간 변합니다.
항상 새롭고, 매 순간이 새롭다면 매 순간 즐거울 것입니다.

너무 목매달지 말고 여유롭게 살자고요.
어차피 영원한 건 절대 없으니까요.

"어리석은 자의 특징은
타인의 결점을 드러내고 자신의 약점은 잊어버리는 것이다."

- 마르쿠스 툴리우스 키케로

타인의 결점은 눈에 쉽게 보이지만,
자신의 약점은 눈에 보이지 않는 법이죠.

타인의 잘못을 얘기하기 전에 나부터 잘하고 있는지 한번 돌아볼 필요가 있습니다. 저도 많이 느끼거든요.

이 책을 쓰면서 다양하고 긍정적인 교훈을 전달하지만, 저도 지키지 못할 때가 많거든요.

저부터 솔선수범해야겠습니다.

후회

"낭비한 시간에 대한 후회는 더 큰 시간 낭비다."

- 메이슨 쿨리

후회하지 마세요.
후회되더라도 자신을 자학하며 시간을 낭비하지 마세요.

"그때 다른 선택을 했다면 내 인생이 더 나았을 텐데."
"옛날에 내가 왜 그랬을까? 시간을 돌리고 싶어."

이미 지나간 것들인데 어쩌겠습니까? 지나간 일은 지나간 일이고 우리는 이미 하나의 선택을 했습니다. 선택하지 못한 길을 갔더라도 더 나은 결과가 있었을지는 아무도 알 수 없습니다.

어떻게 보면 더 좋지 못한 방향으로 흘러갔을 수도 있죠. 우리는 선택하지 않은 길이 더 희망적이었을 거라는 가정을 하고 있으니까요.

후회하고 있는 이 순간에도 시간은 흐르고 있습니다.

"내일에 아무런 도움이 되지 않는다면
당신의 과거는 쫓아 버려라."

- 윌리엄 오슬러

지금 하는 그 고통스러운 생각들이 내일을 살아가는 데 도움이 되고 있습니까?

내일에 도움이 되기는커녕 본인 스스로를 자꾸 고통의 늪에 빠져들게 하지는 않나요?

늪으로부터 당장 빠져나오세요.

'행복한' 내일을 위해 '불행한' 과거는 쫓아 버리세요.

"인생의 막바지에는 실패한 것들을 후회하지 않는다.
간절히 원했으나 한 번도 시도하지 않았던 일들을 후회한다."

- 로빈 시거

지금 시도하지 않으면 두고두고 후회할 날이 올지도 모릅니다.

실패하는 것보다 시도하는 것이 덜 후회될 것입니다.

"과거에 했던 일에 대한 후회는 시간이 지나면 잊힐 수 있다.
하지만 하지 않은 일에 대한 후회는 위안받을 길이 없다."

- 시드니 J. 해리스

제 개인적인 생각으로도 하지 않고 후회하는 것보다 하고 나서 후회하는 것이 더 낫다고 생각합니다.

'하고 싶은 대로 막 저질러라'라는 뜻이 아니라, 신중히 생각하되 용기를 가지라는 것입니다.

걱정

"우리가 하는 걱정거리의 40%는 절대 일어나지 않을 일, 30%는 이미 지나간 과거의 일, 22%는 일어나 봤자 별 영향이 없는 사소한 일이다. 4%는 천재지변 등 우리가 어쩔 수 없으므로 우리가 실제로 걱정하며 해결해야 하는 일은 4%에 불과하다."

- 어니 J. 젤린스키

위의 명언은 약간의 의역이 존재합니다.

걱정은 누구나 할 수 있습니다.
하지만 걱정을 대처하는 유형도 두 가지가 존재합니다.
빨리 털고 일어서는 사람과 걱정으로 시간을 낭비하는 사람.

여러분은 어떤 유형인가요?

"해결될 일이라면 걱정할 필요가 없고,
해결되지 않을 일이라면 걱정해도 아무 소용이 없다."

- 달라이 라마

해결이 되는 문제인데 걱정해서 좋을 게 뭐 있나요?

반대로 해결이 안 되는 문제인데 걱정해 봤자 달라질 건 없습니다. 오히려 마음만 더 무겁게 할 뿐이죠.

해결이 안 된다면 그냥 받아들이세요.

"걱정은 내일의 슬픔을 덜어 주는 것이 아니라,
오늘의 힘을 앗아 간다."

- 코리 텐 붐

일어나지도 않은 걱정을 미리 하면 좋은 점이 무엇일까요?

지금의 내가 하는 걱정거리가 해결이 가능한 것인지, 내 힘으로 해결이 안 되는 것인지 파악하는 것이 중요해요.

내 힘으로 해결을 할 수 있다면 그건 '걱정'이라고 부르는 것이 아니라 '대비'라고 부르는 것이 맞고, 내 힘으로 해결을 할 수 없다면 그것은 당신이 진짜 우려하던 걱정입니다.

해결책이 없는 걱정은 그 일이 일어나기 전까지 나의 삶을 불완전하게 합니다.

내가 해결할 수 없다면, 시간 낭비는 그만하고 내려놓으세요.

"걱정을 잠자리로 가지고 가는 것은
등에 짐을 지고 자는 것이다."

- 토마스 하리발톤

걱정과 근심이 머릿속을 꽉 채울 때는 잠을 자고 싶어도 잘 수가 없죠.

걱정이 떠오른다면 내가 해결할 수 있는지를 잘 따져 봐야 해요.

해결책이 있다면 그에 걸맞게 대비를 하면 되는 것이고, 해결책이 없다면 체념하고 숙면을 취하는 것이 나에게 더 도움이 되는 길입니다.

"내일 걱정은 내일에 맡겨라.
하루의 괴로움은 그 날에 겪는 것만으로 족하다."

- 공동번역 「마태오의 복음서」 6장 34절

오늘 누구보다 고난하고 힘든 날을 보냈을 당신에게….

더 이상 괴로워하지 말고 내일의 걱정은 내일의 당신에게 맡기세요.

내일의 걱정이 내일 일어나지 않을 수도 있잖아요.

걱정은 아무런 도움이 되지 않습니다.

인내

"먼저 핀 꽃은 먼저 진다.
남보다 먼저 공을 세우려고 조급히 서둘 것이 아니다."

- 《채근담》

준비하고 있는 일이 잘되지 않아도 조급해할 필요가 전혀 없습니다.

급할수록 돌아가라는 말도 있잖아요.

빨리 출발할수록 빨리 지치게 되어 있습니다.

"어떻게 기다려야 하는지 아는 자에게는
적절한 시기에 모든 것이 주어진다."

- 노먼 빈센트 필

참고 기다리는 것도 하나의 재능이자 능력입니다.

성급한 성격은 일을 그르치기도 하고,
나를 잘못된 방향으로 이끌기도 합니다.

과일도 적절한 때에 수확해야 더 맛있듯이 적합한 때를 기다리면
더 큰 보상으로 다가올 것입니다.

"꿈의 크기에 따라 그에 맞는 인내가 필요하다.
이는 불변하지 않는 진실이다."

- 작자 미상

꿈을 크게 가지는 것은 좋습니다.
깨져도 그 조각이 크기 때문이죠.

큰 꿈을 이루기 위해서는 많은 각오가 필요합니다.
꿈을 이루기 위해 참고 견디는 것은 필수 요소입니다.

꿈이 크면 클수록 말이죠.

"인내심은 평온을, 성급함은 후회를 불러온다."

- 아비세브론

성급한 행동으로 인해 후회를 경험한 적 다들 있으시죠?

성급한 행동은 대체로 좋은 결과보다는 좋지 않은 결과를 가져올 때가 더 많습니다.

조금만 더 참고 인내하였다면 좋았을 텐데…, 항상 아쉬움을 남기기 마련이죠.

용서

"약한 자는 절대로 용서할 수 없다.
용서하는 마음은 강한 자만이 가질 수 있는 특권이다."

- 마하트마 간디

진정한 강자만이 용서를 통해 고통에서 해방될 수 있습니다. 증오와 복수심을 계속 생각하는 것만큼 고통스러운 일은 없습니다. 크나큰 에너지 낭비이죠.

그 에너지를 나를 발전하는 데 사용하세요.
용서를 통해 더 나은 나로 성장을 하는 것이죠.

자신을 성장시키는 방법 중 하나는 용서입니다.
그렇기 때문에 용서하는 자가 비로소 내면이 강한 것입니다.

"누군가를 용서하지 않고 있으면 자신이 괴롭다."

- 앤드류 매튜스

용서하지 못한다면 어떻게 복수를 할지, 어떻게 혼을 내야 할지, 어떻게 화를 삭여야 할지 생각이 많아지죠.

그 생각을 하는 것 자체가 본인에게 고통을 심는 것과 다름없습니다.

용서하지 않고 증오심만 키우게 되면 본인 스스로를 망치게 됩니다.

"자기희생을 동반하지 않는 자비는 거짓 자비이다."

- 레프 톨스토이

누군가를 용서하는 행위는 자기희생을 동반할 수밖에 없다고 생각해요.

내가 조금 손해를 보더라도 용서하는 것이 진정한 용서이자 자비가 아닐까요.

그리고 자비를 통해서 한 단계 성숙해지는 것이죠.

"용서하는 일은 좋은 일이다.
그러나 잊는 일은 더욱 좋은 일이다."

- 로버트 브라우닝

용서하는 게 가장 좋겠지만, 용서하는 것은 죽어도 싫다면 그냥 잊으려고 노력하는 것이 자신을 위한 길 아닐까요?

용서하지 못할 정도의 원한이라면 잊기도 힘들겠지만, 잊는 것이 아니라 가슴에 묻어 두는 것이죠.

용서하기 힘든 고통 속에서 고통을 감내하는 방법을 배우고, 지혜롭게 대처하는 방법을 배우는 것입니다.

고통

"고통은 사람을 강하게 만든다. 그러나 고통으로 강해지지 못한 사람은 죽고 만다. 행복할 때는 우리가 고난을 어떻게 견딜 수 있는지 알지 못한다. 고난 속에서 비로소 우리는 자기 자신을 알게 된다."

- 카를 힐티

고통이 항상 괴롭기만 한 것은 아닙니다.

물론, 고통 자체는 괴롭고 힘들지만, 그것을 이겨 냈을 때 우리는 비로소 한 단계 더 성장할 수 있습니다.

그리고 두 번째 고통이 찾아왔을 때, 슬기롭게 대처하는 방법을 깨닫게 되죠.

스스로 이겨 내는 방법을 터득하지 못한다면 더는 견디기 힘들어질 겁니다.

고통 속에서 지혜를 깨우쳐야 해요.

"고통은 좋은 것이다. 고통이 수반되는 구간을 어떻게 다루는지에 따라 챔피언의 여부가 결정된다. 나는 나를 챔피언으로 만들어 주는 고통을 몹시 사랑한다."

- 아놀드 슈워제네거

미국의 배우이자 보디빌더이며, 정치인으로 유명한 아놀드 슈워제네거의 명언입니다.

챔피언이 되기 위해 꼭 필요한 것이 고통이며, 고통을 잘 견디고 극복하면 챔피언의 자리까지 한 단계 더 가까워진다는 것을 의미하고 있습니다.

"고통은 잠깐이다. 포기는 영원히 남는다."

- 랜스 암스트롱

힘들고 지칠 때 이 명언을 떠올려 보세요.

지금 힘든 것은 순간의 감정이지만, 이대로 포기한다면 영원히 후회하게 될지도 몰라요.

"인생에서 의미 없는 고통은 없다. 모든 인생의 의미는 나 자신에게서 나오기 때문이다. 고통은 그 의미를 찾는 순간 더 이상 고통이 아니다."

- 빅토르 프랑클

오스트리아 빈의 심리치료사였던 빅토르 프랑클의 명언입니다.

실제로 빅토르 프랑클은 자살 예방과 우울증 치료를 전문으로 진료하였다고 합니다.

고통 속에서 성장이라는 교훈을 찾게 된다면 그 고통은 더 이상 괴롭지 않을 것입니다.

'내가 이 고통을 겪는 이유는 무엇 때문이고, 극복하려면 무엇이 필요하겠구나, 그리고 무엇을 하면 다시는 고통을 당하지 않겠구나.'

여기서 '무엇'에 해당하는 의미를 깨닫고 실천한다면 고통은 더 이상 고통이 아니게 되겠죠.